Paulo Henrique Sampaio Nobre
Com participação de
Milena Mota Maia Nobre

A FÓRMULA DO EMPREENDEDORISMO

Aprenda a vencer em seus
experimentos de empree

Literare Books
INTERNATIONAL
BRASIL · EUROPA · USA · JAPÃO

Copyright© 2024 by Literare Books International
Todos os direitos desta edição são reservados à Literare Books International.

Presidente:
Mauricio Sita

Vice-presidente:
Alessandra Ksenhuck

Chief Product Officer:
Julyana Rosa

Diretora de projetos:
Gleide Santos

Capa, projeto gráfico e diagramação:
Candido Ferreira Jr.

Revisão:
Rodrigo Rainho

Chief Sales Officer:
Claudia Pires

Impressão:
Gráfica Paym

Consultoria de Escrita Central de Escritores:
Rose Lira, João de Almeida Neto, Pedro Castellani, Gabriella Maciel Ferreira e Márcio Moreira

---

Dados Internacionais de Catalogação na Publicação (CIP)
(eDOC BRASIL, Belo Horizonte/MG)

N754f Nobre, Paulo Henrique Sampaio.
   A fórmula do empreendedorismo / Paulo Henrique Sampaio Nobre; colaboração Milena Mota Maia Nobre. – São Paulo, SP: Literare Books International, 2024.
   216 p. : 16 x 23 cm

   Inclui bibliografia
   ISBN 978-65-5922-757-0

   1. Empreendedorismo. 2. Liderança. 3. Sucesso nos negócios. I. Nobre, Milena Mota Maia. II. Título.
   CDD 658.4

Elaborado por Maurício Amormino Júnior – CRB6/2422

Literare Books International
Alameda dos Guatás, 102 – Saúde – São Paulo, SP.
CEP 04053-040
Fone: +55 (0**11) 2659-0968
site: www.literarebooks.com.br
e-mail: literare@literarebooks.com.br

Dedicatória

Dedico este livro a todos os nossos clientes, que acreditam em nosso trabalho, e também aos nossos colaboradores, que basicamente são a nossa segunda família, a Família Vonixx.

Agradecimentos

Quero agradecer primeiramente a Deus por ter me enviado a essa missão, pela saúde e por tudo.

Agradeço a Milena Mota Maia Nobre, minha esposa, que sempre esteve ao meu lado nessa jornada, desde que a conheci. Vivenciamos momentos bons e ruins, alegres e tristes, e juntos construímos uma grande empresa e uma bela família. Aos meus filhos, Paulo Vinicius Maia Nobre, Maria Beatriz Maia Nobre e Paulo Vitor Maia Nobre.

Agradeço também às pessoas que foram muito importantes na minha vida, desde a minha infância. Meus pais, Antônio Girão Nobre e Maria Neusa Sampaio Nobre, que sempre me apoiaram e me ajudaram nos momentos difíceis. Meus avós, José Maia Sampaio e Margarida de Freitas Sampaio, que desde a minha infância torciam por mim, inclusive no início da minha jornada, quando juntavam garrafas pet para envasar meus produtos e também os vendiam para me ajudar financeiramente.

Sumário

Prefácio | p.11

13 | Os insumos encontram-se em suas mãos, empreender é decisão

Parte 1 – O desejo de vencer

Capítulo 1

Desejos e necessidades são diferentes, mas juntos são excepcionais | p. 21

23 | O "pateta" que surpreendeu o professor

26 | Empreendedor desde cedo

28 | O empreendedor se descobre vendedor

30 | Um passo para trás e dois para a frente

33 | Alfabetização do empreendedor

34 | Desejo e necessidade

36 | Referenciais no empreendedorismo

37 | A fórmula do casal empreendedor

Capítulo 2

Oportunidade e possibilidade são diferentes, mas podem ser complementares | p. 41

44 | Mercado desafiador = grande oportunidade

45 | Lançando novos produtos

48 | Inovar e entusiasmar

50 | Oportunidade vs. possibilidade

52 | Em meio às possibilidades: a oportunidade

53 | Reinvestir sempre

55 | Alfabetização do empreendedor

58 | Referenciais no empreendedorismo

59 | A fórmula do casal empreendedor

Capítulo 3
Conhecimento formal e informal são diferentes, mas um pode levar ao outro | p.63

66 | O entusiasmo livrando do "surto"
68 | Contratar para crescer mais
69 | Ensino formal vs. informal
72 | Ligando os pontos
74 | Alfabetização do empreendedor
77 | Referenciais no empreendedorismo
78 | A fórmula do casal empreendedor

Parte 2 – As descobertas para vencer

Capítulo 4
Gerir empresa sozinho é desafio, junto é motivacional | p.83

87 | Prontamente decididos
88 | Um presente especial
89 | Melhor, mas não tão fácil
91 | Unindo forças
93 | Saindo da zona de conforto
95 | Família e negócios: trabalhosos, mas gratificantes
96 | Fortalecidos nas diferenças
99 | Liderança corporativa vs. liderança familiar
100 | Alfabetização do empreendedor
102 | Referenciais no empreendedorismo
102 | A fórmula do casal empreendedor

Capítulo 5
Autoconhecimento é revelador, conhecer parceiros e colaboradores é inspirador | p.105

109 | O início da jornada de autoconhecimento
112 | Os desafios da busca por autoconhecimento

114 | A busca não pode parar

116 | Felicidade: um resultado do autoconhecimento

119 | Influências sobre a gestão

121 | Alfabetização do empreendedor

123 | Referenciais no empreendedorismo

124 | A fórmula do casal empreendedor

Capítulo 6
É preciso mudar para crescer | p.127

130 | "Preciso mudar!"

133 | A grande lição: "Não basta ser o melhor"

134 | "Agora somos Vonixx"

135 | Empreender também é se readaptar

138 | Reinvestir sempre

141 | Crescimento vs. conformismo

142 | Resiliência empreendedora

143 | Alfabetização do empreendedor

145 | Referenciais no empreendedorismo

145 | A fórmula do casal empreendedor

Parte 3 – Os resultados ao vencer

Capítulo 7
Profissionalização da empresa, a hora de deixar de ser criança | p.151

154 | A tentativa de profissionalização

155 | Aprendizado e paciência

157 | Sair da zona de conforto para crescer mais

159 | Dores do crescimento

161 | Evoluindo juntos

163 | Profissionalização: a hora é agora

165 | Empresa: ambiente de aprendizado contínuo

166 | Fortalecendo a cultura em meio ao aprendizado
168 | Alfabetização do empreendedor
169 | Referenciais no empreendedorismo
170 | A fórmula do casal empreendedor

Capítulo 8
Delegar para crescer | p.173

175 | Delegar não é "delargar"
177 | A ordem dos setores altera o produto
178 | Gestão = emocional + racional
182 | Empresa: um organismo vivo
185 | Vivendo em um mundo incerto, volátil e complexo
186 | Intraempreendedorismo: o espírito de dono
188 | Verticalização: posicionamento essencial
190 | Alfabetização do empreendedor
191 | Referenciais no empreendedorismo
192 | A fórmula do casal empreendedor

Capítulo 9
Da informalidade para o mundo, o transbordar | p.195

200 | Desbravando com inteligência e organização
202 | "Do Ceará para o mundo": desbravando com propósito
203 | Qual é o limite?
206 | Comércio exterior e seus riscos
208 | Autocrescimento
209 | Alfabetização do empreendedor
210 | Referenciais no empreendedorismo
211 | A fórmula do casal empreendedor

213 | O prazer de vencer é longevo porque habita dentro de nós!
216 | Apresentação do autor e seus contatos

Prefácio

Neste livro, você encontrará uma jornada que se desenrola através de uma história de persistência, superação e vontade de vencer, exemplos únicos de crescimento contínuo e acelerado. Este livro é uma viagem de anos que nos levaram ao local onde hoje estamos, nosso modelo de gestão, dilemas e grandes aprendizados.

Quando iniciamos a nossa caminhada, não tínhamos ideia de quão longe chegaríamos e quantas vidas impactaríamos. Ao longo do processo de criação, mergulhamos na história, revimos conceitos, refletimos e chegamos a uma surpreendente conclusão que vale ser entendida em cada página do livro.

Em muitos aspectos, esta é uma história sobre liderança e modelos de gestão, atos e fatos de pensar fora da caixa. Aqui mostram-se falhas, mas também soluções, fatos surpreendentes e uma conclusão inesperada. Aqui, abrimos a nossa caixa de ferramentas que, se bem aplicada, pode ser uma virada de chave para todos os que buscam.

Convidamos a se enxergar em aplicações e dilemas que enfrentamos em nossa jornada diária, como foi quando tivemos que decidir entre deixar de fabricar produtos de limpeza e nos concentrarmos em produtos para carros, que foi quando nossa paixão falou mais alto ou quando viramos a chave e trocamos de marca mesmo com a empresa sendo líder no mercado em nossa região. Certas vezes, enxergamos diversas maneiras de liderar e buscar resultados que parecem receitas prontas, mas, até que ponto, tudo se aplica 100% em qualquer negócio? Será que a liderança humanizada tão difundida hoje é totalmente aplicável em sua maneira literal, será que uma ser humano demais, não seria desumano? Por exemplo, uma grande empresa instala-se ao lado de uma pequena empresa, a pequena gera três empregos e a grande vinte, em pouco tempo, a pequena empresa quebra, qual foi a melhor para o bairro com o saldo de empregos remanescentes?

Vamos juntos desbravar este livro, engajar-nos em nossa cultura enxergando um pouco de nossos segredos, estamos juntos!

Boa leitura!

Milena Mota Maia Nobre

"Faça o seu melhor enquanto você não tem condições melhores de fazer melhor ainda."

Mario Sergio Cortella

Os insumos encontram-se em suas mãos, empreender é decisão

Antes de qualquer coisa, deixe-me contar-lhe uma história: na década de 1940, o sertanejo da região do Baixo Jaguaribe lutava para sobreviver em meio à seca. A carnaúba era uma das poucas espécies que sobreviviam às condições precárias em que aquele solo se encontrava e uma das poucas opções possíveis de plantio.

Parecendo mesmo ter a força natural do nordestino, a árvore da carnaúba não apenas suportava o forte sol e a falta de chuvas, como também se tornava uma fonte de vida no sertão, de modo que desde sua palha até sua madeira eram aproveitadas.

Foi exatamente neste cenário que, em 1944, o meu bisavô materno, Félix Freitas Sampaio, ganhou algumas sementes de carnaúba de seu conterrâneo, Perboares Girão, tio do meu pai. Ele passou a plantá-las artesanalmente na região de sua cidade natal, Morada Nova, nas terras de Caraúbas – um nome devido exatamente ao cultivo dessa espécie.

Com o passar do tempo, a plantação de carnaúba de meu bisavô ganhou cada vez mais terreno e se tornou uma verdadeira fonte de matéria-prima para a região onde morava. Dessa forma, a carnaúba passou a fazer parte da história da minha família, que pratica seu cultivo por diferentes gerações.

Desde garoto, tive esse apreço pela cera de carnaúba, pois já percebia riqueza e as diversas possibilidades que essa matéria-prima poderia nos proporcionar – mesmo sem possuir todo o conhecimento técnico que tenho hoje. Entre elas, está a otimização da qualidade dos produtos para lavagem de carros.

Ainda garoto, sonhava com a gama de possibilidades do que poderia proporcionar ao mundo. Eu sonhava alto, talvez até mais alto do que as próprias carnaúbas.

Quem tem espírito empreendedor não vive apenas de sonhos, e sim de se empenhar em realizá-los, por mais ousados que possam parecer.

Anos mais tarde, comprei as terras de meu bisavô, sendo o representante da quarta geração a assumir a posse do local. Em busca de honrar a memória de minha família e por acreditar no potencial comercial dessas altas palmeiras nordestinas, trabalhei pela expansão daquela plantação. Quando me interessei em comprá-las, o herdeiro das terras decidiu por me vender apenas porque era da família e daria continuidade às plantações.

Resolvi fazer um plantio de cerca de 10.000 carnaubeiras desde as sementes, utilizando as técnicas que estudei junto ao conceituado pesquisador Afro Negrão, que tem me dado muito apoio desde que idealizei esse projeto. Como passamos a contar com um açude no local, também conseguimos irrigar diariamente a plantação, o que acelerou bastante o crescimento das palmeiras.

A sensação não é apenas de manter viva a memória do trabalho de meu bisavô, mas também de levar essas realizações a proporções cada vez maiores. Atualmente, trabalho na elaboração de produtos automotivos e confesso que a utilização da cera de carnaúba nesses processos é mais que motivo de orgulho, tanto devido à história da minha família, como por ser uma produção genuinamente brasileira. É também um sonho realizado, a confirmação de muito do que já sentia com relação a essa matéria-prima e por fazer parte da história da evolução do uso da cera de carnaúba no Brasil e no mundo.

Como brasileiro e cearense, orgulho-me de fazer parte do país que é o único produtor em larga escala da cera de carnaúba e também de ser natural do estado que é o maior exportador desse material.

Acabei descobrindo que, muitas vezes, o insumo já nos pertence, porém levamos algum tempo para descobrir como ele pode nos gerar um empreendimento.

Apesar de haver uma caminhada em minha vida, com anos de distância entre o contato com a matéria-prima e o conhecimento sobre o empreender, não vejo que esse tempo tenha sido em vão. Pelo contrário. Foi uma jornada de muito aprendizado, tentativas, erros e acertos, até que desenvolvesse técnicas muito bem aprimoradas para aplicar nas produções e me posicionar tão bem no mercado.

Hoje tenho total consciência de que essa jornada só ocorreu porque já havia o espírito empreendedor dentro de mim e, de alguma forma, isso diferenciou a minha iniciativa de tantas outras existentes no país.

Digo isso porque é comum que as maiores exportações do Brasil sejam *commodities*, sem tanto investimento na transformação da matéria-prima. Então, o que acontece normalmente é a manufatura básica da carnaúba, apenas o refinamento dessa matéria-prima para depois vendê-la.

No meu caso, quis investir num diferencial, usando a carnaúba tratada e refinada, para já transformá-la em cera automotiva de alto padrão, com uma apresentação para o mercado. Essa iniciativa me tirou do campo das *commodities* e me posicionou alto no mercado.

Eu tinha o insumo nas mãos e reconheço que não descobri rapidamente como poderia trabalhar com ele; porém, investi tempo para descobrir a melhor forma de fazê-lo e, hoje, não tenho dúvidas de que encontrei o caminho certo.

A partir da cera de carnaúba, criei um produto de valor agregado muito maior e comecei a vender com a minha própria marca (Vonixx), colocando-a junto às melhores ceras automotivas do mundo.

Gosto muito de uma frase do professor Mario Sergio Cortella, que diz: "faça o seu melhor enquanto você não tem condições melhores de fazer melhor ainda". Creio que foi me baseando nesse princípio que consegui grandes avanços no início da minha carreira como empreendedor.

Há quem pense que, para trilhar esse caminho, contei sempre com uma boa estrutura financeira e todo o maquinário necessário. Mas a verdade é que tinha à disposição apenas um ferro de passar como minha chapa aquecedora, uma batedeira como reator, um cabo de vassoura para mexer a cera em uma panela e muita vontade de descobrir o quão valiosa a cera de carnaúba poderia se tornar.

Naquele momento, ao invés de ficar apenas no campo das ideias por não ter ainda a estrutura necessária para iniciar meus experimentos, coloquei o conhecimento que já tinha em prática, usando o pouco que possuía nas mãos, e passei a pensar comigo mesmo:

— Como é que eu posso fazer isso? A ideia é genial, mas é o ponto de partida! Qual qualidade posso alcançar nesse produto automotivo com a cera de carnaúba? Será que o diferencial dela pode estar no brilho? Será que teria remoção fácil?

Buscando responder a essas perguntas foi que comecei a pesquisar especificamente a cera de carnaúba e estudar bastante sobre o assunto. Confesso que as minhas descobertas iniciais não foram tão animadoras. Teria de enfrentar muito mais dificuldades do que imaginava, além da falta de maquinário. Entretanto, não desanimei diante desses obstáculos. Na verdade, hoje sou grato por eles, pois foi para vencê-los que desenvolvi diversas técnicas, sistemas e métodos, que, aliados a muita persistência, trouxeram-me grandes resultados. Essas técnicas foram resultado justamente das adaptações que tive de fazer por não ter os equipamentos necessários ou um acesso tão facilitado aos conteúdos da internet como temos atualmente. Foram muitos erros e acertos até chegar à fórmula ideal.

Toda essa busca foi motivada pelo espírito empreendedor que há em mim e não simplesmente por uma ideia da cultura empresarial que sempre houve em minha família.

Meu avô, por exemplo, sempre teve a bodega dele em Fortaleza e vivia satisfeito com ela. Era um bom comerciante, honesto e querido na região onde morava, mas a expansão do seu negócio não estava em seus planos, e sim a estabilidade.

Cito essa diferenciação entre empresariado e empreendedorismo devido às demandas que o empreendedor precisa atender. Nos dias de hoje, a decisão de empreender carrega consigo a necessidade de crescer, avançar. Seria muito cômodo se o empreendedor pudesse escolher a estabilidade, de modo que sua empresa se perpetuasse, acompanhando pelo menos a inflação. Porém, o empreendedor que hoje procura somente a estabilidade acaba quebrando. Não existe meio-termo: ou a empresa se antecipa à crise para buscar crescimento ou afunda.

Tomemos como exemplo estes mesmos antigos empresários donos de bodega, assim como o meu avô. Quando a primeira grande rede de hipermercados chegou a Fortaleza e se instalou na Avenida Aguanambi, por exemplo, muitos acabaram quebrando, infelizmente.

Convivi durante a juventude com outros empresários que até tinham algo de empreendedor, como desejo de crescer e avançar, mas pecavam pela desorganização financeira, pela gestão do negócio de modo geral, e por isso não conseguiram crescer. Sendo assim, posso dizer que, ao longo da vida, tive diversos exemplos do que fazer, como a honestidade do meu avô em sua bodega, mas também do que não fazer, como esses outros colegas um tanto quanto desorganizados.

Ao final das contas, sempre que falo em empreendedorismo, lembro-me de que, mesmo tendo nascido com esse desejo – ainda como uma semente a ser germinada –, desenvolvi-o aprendendo muito com os acertos e os erros das pessoas à minha volta.

Acredito que esse aprendizado só ocorreu porque diariamente tomei a decisão de assumir meu perfil empreendedor. Porém, no meu caso, além da decisão, contei com o talento e com minhas aptidões naturais para alçar voos mais altos… e assim nasceu a Vonixx.

Descobrir-se empreendedor e decidir diariamente assumir esse perfil é com certeza a "fórmula" para dar certo. No final das contas, o "insumo" mais importante sempre esteve nas minhas mãos, o empreender foi algo resultante apenas da minha decisão.

PARTE 1
O DESEJO DE VENCER

Capítulo 1

DESEJOS E NECESSIDADES SÃO DIFERENTES, MAS JUNTOS SÃO EXCEPCIONAIS

Um empreendedor aprende a alinhar a sua necessidade ao seu desejo.

"Nas grandes batalhas da vida, o primeiro passo para a vitória é o desejo de vencer!"

Mahatma Gandhi
(advogado e defensor dos direitos humanos, pacifista)

Capítulo 1

Em 1980, Fortaleza vivia a realidade de uma cidade que desfrutava de seu próprio crescimento. Após ter sido metropolizada (1970), via seu território se expandir e chegar a regiões que, até então, eram consideradas muito distantes, por serem relativamente longe do centro urbano. Foi exatamente neste contexto que eu nasci.

Filho de um carteiro e uma dona de casa, ainda muito novo me mudei com a família para a Messejana – na época, região metropolitana de Fortaleza – indo morar em uma área sem saneamento básico e vivendo uma realidade de vida que não se caracterizava pela miséria, mas pela limitação de viver sempre com o dinheiro contado. Durante todo o mês, alimentávamo-nos com comidas simples, porém nunca nos faltou nada.

Apesar das limitações financeiras e da situação precária do bairro onde morava, não considero que tive uma infância triste. Pelo contrário! Colocar os pés descalços na lama da rua para jogar bola com meus amigos era uma verdadeira alegria para o menino Paulo, e minhas idas à casa de meu avô significavam para mim a "ostentação" que era possível para um garoto da minha realidade: tomar uma Coca-Cola. Afinal de contas, esse tipo de gasto não era possível no cotidiano da minha casa, com meus pais.

Não posso dizer que, naquela época, não sonhava em ter uma vida com mais conforto no futuro, mas a verdade é que jamais menosprezei o pouco que meus pais conseguiam dar a mim e a meus irmãos, com muito esforço. Eles sempre fizeram o melhor que podiam e, quanto à mudança de vida, se eu quisesse que ela acontecesse, sabia que teria de partir de mim.

O "pateta" que surpreendeu o professor

Se os pés descalços na lama ou a ostentação do refrigerante na bodega do meu avô me trazem boas lembranças da infância, os meus momentos em sala de aula não fazem parte dessas memórias agradáveis.

Eu detestava estudar! Tinha raiva de ir para a escola e, antes mesmo que existisse o termo *bullying*, eu já era apelidado de "pateta" porque só tirava notas baixas nas provas. A verdade é que não conseguia prestar atenção nas aulas e, como na época ainda não havia muito conhecimento sobre o assunto, o meu transtorno do déficit de atenção e hiperatividade (TDAH) – diagnosticado cerca de 20 anos depois – era visto apenas como "preguiça de estudar".

No sistema tradicional de ensino, quem tem TDAH fica em uma desvantagem terrível com relação aos outros estudantes. Enquanto aqueles que não têm o transtorno conseguem prestar atenção na aula, por mais que o assunto não seja do interesse deles, aqueles que o têm não conseguem se manter focados enquanto o professor apresenta o conteúdo no quadro.

23

A fórmula do empreendedorismo

Como eu não conseguia prestar atenção em nenhuma aula e também tinha muita dificuldade de estudar o conteúdo em casa, meu boletim sempre vinha com muitos zeros... pela falta de informação sobre o assunto na época, cresci me questionando se era mesmo verdade o que meus colegas diziam, apesar de não gostar nem um pouco do apelido que me deram. "Será que sou mesmo um pateta? Por que não consigo aprender vários dos assuntos que ensinam na escola?", pensava.

Essa foi a realidade em praticamente todos os colégios onde estudei, como no Presidente Médici, no 15 de Novembro, no Olavo Bilac, no Evolutivo... As mudanças de escolas me pareciam inicialmente a esperança de descobrir que o problema não era comigo, mas infelizmente a situação só se repetia.

Sempre sofri com o TDAH na escola, desde o primeiro grau até à época do pré-vestibular. Era visto como chacota e, ao mesmo tempo em que me envergonhava daquilo, também me esforçava para tentar mudar aquela situação. "Não, mãe, agora vou conseguir estudar e tirar notas boas. A senhora vai ver, vão me chamar lá na frente pra entregar o meu boletim, porque vou me destacar", dizia.

Eu tomava a decisão, começava a prestar atenção nas aulas, esforçava-me para estudar as matérias, mas voltava a tirar notas muito baixas, e tudo voltava a ser como antes. Minha mãe reclamava do meu desempenho ruim na escola e meus colegas caçoavam de mim. "Esse aí não vai dar em nada. É um lascado na vida, mesmo", eles diziam.

> **A verdade é que meus gatilhos podem ser acionados para me colocar para baixo ou me impulsionar, e em meio a todo esse contexto de dificuldade de aprendizado acabei passando por uma situação na qual provei a minha capacidade e me superei.**

Certa vez, após ter tirado nota baixa em uma prova de recuperação em química, meu professor disse que não tinha mais o que fazer e eu seria reprovado. Desesperei-me. Sabia que meus pais se

Capítulo 1 | Desejos e necessidades

esforçavam muito para pagar o meu colégio e não podia dar esse desgosto a eles. Então, minha mãe foi até o colégio, conversou com a coordenação e o meu professor me fez um desafio:

— Paulo, só vou te passar se você tirar pelo menos um 9,0 nessa prova. Mas não pense que vai ser fácil, porque dessa vez vou botar pra lascar!

— Pois pode anotar aí, professor. Eu vou passar! – respondi.

— Então, estamos acertados. Não aceito menos que 9,0.

Bem, não sei se a intenção daquele professor era realmente me prejudicar ou instigar alguma reação para me impulsionar. A questão é que, como sou movido por desafios, as palavras dele despertaram em mim uma determinação que ainda não tinha surgido até então. Passei todos aqueles dias estudando muito a matéria de química, como nunca havia feito antes. Busquei até mesmo livros que não estavam no material adotado pela escola para me aprofundar no assunto. E essa busca extra me ajudou bastante, porque a prova tinha questões de matérias que nem haviam sido ensinadas na escola.

Afinal de contas, qual foi o resultado de todo esse esforço? Tirei um 10,0 naquela prova – feito que nenhum estudante dele tinha conseguido até aquele dia – e o professor ficou impressionado; afinal, só fui rever alguns assuntos colocados ali quando cursei a faculdade de química.

Ao ler este relato, talvez você pense que guardei rancor desse professor, mas decidi alimentar outro tipo de pensamento. Não me importa se a intenção dele era me prejudicar ou me testar, prefiro pensar que ele acionou em mim o gatilho que me fez encontrar a capacidade de me superar, de vencer desafios.

Foi devido justamente a esse episódio que acabei descobrindo minha paixão pela química e isso me possibilitou a especialização em Química Industrial. A verdade é que, quando me apaixono por algo, consigo trabalhar naquilo com excelência, atingindo um nível altíssimo de qualidade.

Creio que essa experiência no colégio foi bem mais que uma oportunidade de provar que meus colegas – e até mesmo alguns dos meus professores – estavam errados em me julgar como um "pateta". Eu

A fórmula do empreendedorismo

não era incapaz, apenas diferente, porque tinha outra forma de enxergar o mundo e de conectar ideias.

Quanto à minha dificuldade com as matérias na escola, eu era apenas seletivo, expressando minha falta de vontade em aprender sobre certos assuntos que não faziam sentido para mim. Reconheço que tanta seletividade me prejudicou no sistema convencional de ensino, mas hoje considero que essa é uma das minhas maiores virtudes. Acredito que, se tivesse buscado ser bom em todas as matérias, talvez não conseguisse o nível de conhecimento específico que tenho hoje sobre química!

> **Quem sabe "de tudo um pouco" acaba não sabendo o suficiente sobre nada.**

Empreendedor desde cedo

Eu não via tanto futuro para mim mesmo na escola e seguia com meus estudos na tentativa de honrar os esforços dos meus pais em pagar por eles. Contudo, aos 12 anos de idade, comecei a colocar em prática as ideias que tinha para ganhar o meu próprio dinheiro e não depender dos meus pais. Na verdade, minha intenção não era gastá-lo com coisas para mim, e sim guardá-lo no cofre, para construir minhas economias e ver esse montante crescer.

Comecei com a venda de peixes ornamentais. Para isso, construí no quintal da minha casa um tanque com cimento e areia, e coloquei peixes ornamentais variados ali dentro, como Guppy, Molinésia, Espadinha e vários outros que já havia descoberto que vendiam bem nas lojas.

Cheguei a vender alguns peixes e movimentar um pouco o negócio, ganhei até alguns trocados, mas quando comparei o trabalho investido com os resultados, entendi que aquela ideia não era tão boa. Então, criei uma locadora de CDs.

No início dos anos 1990, o CD ainda era uma novidade no mercado e nem todos podiam comprá-lo. A ideia de alugá-lo me parecia boa e montei uma lojinha na área da minha casa, com as capas dos

Capítulo 1 | Desejos e necessidades

CDs expostas para os clientes escolherem. Mas a venda do produto logo se tornou acessível e o aluguel já não fazia mais sentido. Por isso, esse negócio também não deu certo.

Já no ano de 1996, meu pai comprou um Chevette e passei a oferecer serviço de frete com o carro dele. Era coisa de menino inquieto, mesmo. Eu nem tinha carteira de habilitação, mas, como as entregas eram só ali nas redondezas, fazia o transporte de várias coisas para ganhar cerca de R$ 5,00 – o que, na época, valia consideravelmente mais do que hoje.

Levava compras, móveis pequenos, eletrodomésticos e até animais, como certa vez em que levei um porco no porta-malas. Eu até ganhava o meu dinheiro, mas o problema surgia quando o meu pai pegava o carro para ir ao trabalho. A confusão era grande! "O que é essa catinga dentro do carro, rapaz? Paulo, você usou meu carro pra fazer frete de novo? Qualquer dia você vai levar uma pisa, menino!", ele dizia.

Cansado de causar problemas ao meu pai com o carro, parei de oferecer o serviço de frete no bairro e comecei a procurar outras oportunidades de trabalho. Foi quando tive a ideia de montar uma oficina de bicicletas. Conhecimento para fazer os reparos não me faltava. Eu sabia bem desempenar aro, regular marcha, calibrar pneu, mas só consegui ajeitar as bicicletas dos meus amigos na camaradagem, sem ganhar nenhum tostão.

Apesar de não ter alcançado sucesso com essas primeiras tentativas de empreendedorismo, não digo que esses negócios significaram um fracasso total. Tampouco me envergonho de cada uma delas, porque estava correndo atrás dos meus objetivos honestamente.

Em vez de ficar sentado no sofá de casa, lamentando-me pelos fatores que todos consideravam ser minhas limitações e por não ter dinheiro para acumular minhas economias, estava tentando mudar a minha própria realidade.

Meu desejo era juntar dinheiro e, realmente, tudo o que ganhava nessa época ia para o meu cofre, que era colado em uma mesa

A fórmula do empreendedorismo

para ninguém conseguir abri-lo. E você deve estar se perguntando: "Para que o Paulo tanto queria acumular essas economias?". Sinceramente, nem eu mesmo sabia ao certo. Talvez para investir dali a alguns anos, ou até mesmo para conseguir suprir alguma necessidade mais séria que pudesse vir a ter depois.

Por ora, entre desejos e necessidades, minha única meta era encher aquele cofre e estava determinado a cumprir esse objetivo.

O empreendedor se descobre vendedor

Durante a adolescência, o desejo de ganhar meu próprio dinheiro se tornou mais forte. Porém, como não via a possibilidade de receber uma "mesada" dos meus pais, como alguns amigos do colégio, percebi que precisava realmente buscar um trabalho com ganhos um pouco mais "garantidos", ainda que fosse pouco. Sendo assim, consegui a oportunidade de trabalhar na fábrica de roupas de um dos meus tios. Nessa fábrica, o meu trabalho era um tanto quanto "mecânico": passar cordões nas cinturas dos shorts. Apesar de parecer simples, agarrei aquela chance como a oportunidade da minha vida. Era meu primeiro emprego em uma empresa e, enquanto os meus empreendimentos não vingavam, seria com aquele trabalho que conseguiria juntar minhas economias.

Foi mostrando empenho naquela empresa que aprendi a otimizar ao máximo o meu trabalho. Em menos de uma hora, conseguia colocar o cordão em pelo menos 100 calções.

Depois de trabalhar durante algum tempo nessa fábrica, passei a ajudar uma das minhas tias em sua loja de roupas femininas (adultas e infantis), no polo comercial popular do centro de Fortaleza, conhecido popularmente como Beco da Poeira.

Mesmo ganhando apenas uma ajuda de custo fixa e sem receber comissão, trabalhava naquela loja vendendo roupas femininas, vestidos, calcinhas de criança e, com isso, descobri que tinha bastante talento para vendas. Eu entendia qual era o caminho para convencer as pessoas, como, por exemplo, reforçar o diferencial do produto.

Capítulo 1 | Desejos e necessidades

— Tia, me diga o que essas calcinhas novas que a senhora comprou pra loja têm de diferente das outras. Por que elas são melhores? – perguntava a ela.

— Paulo, nós somos a única loja que tem essas calcinhas aqui no Beco. Elas são melhores por causa do tecido, que tem mais qualidade; a costura é reforçada, mas elas também são mais confortáveis que as outras – ela respondia.

— Então, agora deixa comigo que me viro aqui e vou vender essas calcinhas.

Sempre atendia os clientes com esses pontos de diferencial em mente para montar meus argumentos. "Essa calcina, trouxemos de Goiânia. É exclusiva, feita em algodão e não vai dar coceira na sua bebê. É muito confortável e também dura mais", dizia para a clientela.

Eu tinha todos os argumentos para convencer as clientes e a prática com as vendas na loja me deu bastante segurança para amadurecer ainda mais o meu perfil empreendedor.

Pouco tempo depois, um tio me convidou para gerenciar uma empresa de fabricação de telas mosquiteiras que ele estava abrindo – telas usadas para proteger as crianças, principalmente dos mosquitos. Senti-me honrado com o convite e fui trabalhar com ele. Afinal, considerava aquela proposta um tipo de promoção de cargo. "Comecei como operário em uma fábrica, depois me tornei vendedor na loja e agora estou me tornando gerente de um negócio", pensei, feliz comigo mesmo.

Como o negócio ainda estava sendo formado, tive de assumir diversas funções além da gerência no cotidiano dessa nova empresa, como a contagem das telas mosquiteiras e também a venda dos produtos. Minhas habilidades como vendedor foram se aprimorando cada vez mais, de modo que me apaixonei por essa parte do trabalho, que me possibilitava contato com os clientes e a boa articulação dos argumentos para vender as telas.

A fórmula do empreendedorismo

Confesso que não ganhei fortunas ali, mas também não me arrependo daquele tempo, porque aprendi bastante sobre os movimentos de uma empresa, seus problemas, seus erros e acertos. Além disso, em todas essas oportunidades de trabalho, consegui ganhar um dinheiro que me possibilitou fazer investimentos um pouco maiores e mais "ousados" para a minha condição na época, como, por exemplo, o consórcio da minha motoneta Honda Biz, que comecei a pagar já no ano 2000, com parcelas de R$ 60,00.

Um passo para trás e dois para a frente

Quando chegou o tempo de prestar vestibular, confesso que não me entusiasmei tanto com a ideia de fazer faculdade. Mas, para um pai que tanto se esforçou para pagar os estudos dos filhos como o meu, vê-los sendo aprovados em uma universidade pública era como ver todo o seu esforço sendo validado. Com isso, tentei alinhar a matéria que mais desenvolvi aptidão na escola à minha escolha de curso no nível superior. Por isso, pensei: "Qual é a concorrência dos cursos relacionados à Química na Federal?" e descobri que a área de Química Industrial era pouco concorrida na época. Ainda assim, como a minha base de estudos nas outras matérias não era boa, fui aprovado em uma colocação que quase me impediu de entrar para a faculdade. Mas, enfim, consegui entrar.

Nessa época, tive de deixar o trabalho de gerente e vendedor na empresa de telas do meu tio porque o curso de Química Industrial ocupava praticamente o dia todo.

Apesar de não ganhar muito, aquele salário ainda era o que tinha para pagar as minhas despesas, como a passagem de ônibus para a faculdade, alimentação durante o dia, as cópias dos materiais recomendados pelos professores e ainda as parcelas do consórcio da minha moto. Com a saída do emprego, o pouco dinheiro que sobrou foi embora com as despesas.

Contei com a ajuda do meu pai nessa época, que se propôs a me dar o dinheiro das passagens de ônibus, mas, ainda assim, eu sabia que isso pesava no orçamento dele. De início, eu pegava dois

Capítulo 1 | Desejos e necessidades

ônibus para ir à faculdade e dois para voltar. Até que descobri uma van, que passava próximo à minha casa e ia até a universidade. Dessa forma, passei a gastar a metade do valor que tinha disponível para o ônibus. Mesmo assim, a situação financeira não era nada fácil. Eu estava sem minha fonte de renda garantida e as dívidas começaram a surgir, como as parcelas do consórcio que se acumulavam – o que parecia óbvio de acontecer, já que sequer tinha o dinheiro para almoçar no RU (Restaurante Universitário).

Um dia, recebi uma ligação do banco avisando que perderia o contrato do consórcio devido aos três meses de inadimplência. Pedi ajuda novamente ao meu pai e ele recorreu ao seu décimo terceiro salário para pagar as parcelas atrasadas. Mas eu sabia que não poderia contar com mais esse apoio financeiro todo mês. "Olha, meu filho. Consegui pagar as parcelas pra você não perder o consórcio, mas não posso pagar daqui pra frente", ele disse.

Logo depois que coloquei o consórcio em dia, fui contemplado e consegui enfim tirar a minha Honda Biz, mas ainda precisava continuar pagando as parcelas. Por isso, tinha de encontrar uma fonte de renda possível em paralelo com a faculdade – e muito rápido.

Nessa busca por encontrar uma forma de ganhar dinheiro que não prejudicasse os estudos, passei a distribuir meu currículo, tentando achar uma vaga de estagiário em alguma empresa ou laboratório. Nenhuma dessas companhias me chamou e, sinceramente, hoje dou graças a Deus por isso. Não estou dizendo com isso que é errado um universitário buscar um estágio.

Foi justamente a falta de oportunidades que me levou a retomar o empreendedorismo, a amadurecê-lo dentro de mim e colocá-lo em prática novamente na minha vida.

Durante algumas conversas com um colega de faculdade chamado Reginaldo, visualizei uma boa forma de começar o meu próprio negócio.

A fórmula do empreendedorismo

— Reginaldo, estou em uma situação difícil, cara! Estou sem grana e preciso pagar meu almoço no RU, as cópias da faculdade, os 60 reais do consórcio da moto todo mês, além do dinheiro do combustível. Meu pai me ajudou a pagar as parcelas atrasadas, mas agora vou ter que assumir essa despesa. O que faço? – questionei.

— Rapaz, uma ideia boa é você fazer produtos de limpeza pra vender. Não sei se dá pra ficar rico, mas pode render o dinheiro que você está precisando agora – respondeu-me.

— É verdade. Pode ser uma boa ideia, mesmo.

— É, rapaz! Olha só, tem uma fábrica aqui perto que vende a matéria-prima pra você fazer esses produtos. Você compra lá e vende o produto já pronto – completou.

Talvez você esteja pensando, quanto eu tinha para começar o novo empreendimento? Cerca de R$5,00. Foi com esse dinheiro que comprei um pouco de matéria-prima, fiz a minha primeira garrafa de material de limpeza e comecei a vender. À medida que lucrava, investia na compra de mais matéria-prima para fabricar mais produtos e assim fazer o meu novo negócio crescer. Desde o início, sempre gostei de carros e um dia, por ser muito curioso, perguntei a um amigo que estava lavando seu carro sobre os produtos que ele usava. Passei ainda alguns anos vendendo produtos de limpeza, mas o interesse pela área automotiva já estava lá.

Não estranhe se, ao ler esta parte da minha história, você comece a me questionar: "Mas Paulo, você falou que queria juntar dinheiro desde a infância, trabalhou com seus tios, teve seus empregos com eles e voltou praticamente à estaca zero, com apenas 5 reais no bolso. Você não sentiu que estava regredindo?".

No momento do aperto, a sensação não é das melhores; e naquela época foi realmente difícil olhar para a minha situação e não ficar preocupado. Ao mesmo tempo, hoje entendo que a fase difícil é necessária, porque nos desafia a fazer o que parece impossível.

Capítulo 1 | Desejos e necessidades

Da mesma forma que fui desafiado por aquele professor a tirar uma nota 9,0 na escola – e consegui superar o desafio, tirando nota 10,0 – estava novamente me sentindo desafiado pela vida a sair daquela situação de muito desconforto.

Quem imaginava que seria possível começar um negócio com apenas 5 reais no bolso? Era o que eu tinha no momento e assim foi o início da minha jornada como empreendedor na área de produtos de limpeza, que posteriormente viria a resultar em uma carreira de sucesso.

Alfabetização do empreendedor

Desde garoto, sempre fui uma pessoa que busca dar andamento aos processos. Fazer o possível para tornar as realizações mais práticas e tirar os planos do papel para torná-los concretos sempre esteve nas minhas buscas diárias, tanto com relação ao suprimento de necessidades quanto à realização dos desejos. Por isso, quero iniciar esse quadro, a alfabetização do empreendedor, citando três características principais que fizeram – e ainda fazem – toda a diferença no amadurecimento do meu perfil empreendedor, e acredito que também pode ser assim com você:

Acelerado

Vivemos em um mundo que podemos chamar cada vez mais de VICA (volátil, incerto, complexo e ambíguo). Sabendo disso, é importante manter um ritmo acelerado. Se eu tiver as ideias, mas não agir rapidamente para colocá-las em prática ou testá-las, posso perder a oportunidade, o momento certo de fazer isso. Vale lembrar que acelerar é bem diferente de disparar desgovernadamente. Essa celeridade também inclui Atenção, para que esse ritmo acelerado não se traduza em algo mais raso, como uma simples "pressa" sem razão.

A fórmula do empreendedorismo

Busca por oportunidades

Não adianta ficar eternamente sentado, esperando algo acontecer, se você mesmo não conseguir enxergar as oportunidades que te cercam. Tenha um olhar sempre atento e busque pelas oportunidades ao seu redor!

Capacidade de conexão

Há quem diga que Criatividade é importante para o empreendedorismo e concordo plenamente com esta afirmação. Afinal de contas, empreender envolve essencialmente um caráter de inovação. Porém, há um alerta feito pelo empresário, investidor e autor Scott Belsky, em seu livro *A ideia é boa, e agora?*, que muito me chama a atenção. Ele diz que muitas pessoas têm diversas ideias altamente promissoras e geniais todos os dias, mas não conseguem colocar a maioria – ou nenhuma – delas em prática porque não olham para elas com uma intenção de conectá-las a outros elementos mais práticos. Por isso, considero que, para surtir bons resultados, a Criatividade precisa estar acompanhada dessa Capacidade de Conexão no perfil do empreendedor. Caso contrário, ele pode ser uma grande fonte de boas ideias, mas que acabam sendo desperdiçadas. Quando fui desenvolver a nova Vonixx, analisei diversas empresas de cosméticos para entender como elas trabalhavam. É óbvio que a proposta da minha empresa não é exatamente para esse nicho, mas, por enxergar que havia características desse mercado que poderiam me ensinar, fui atrás dessas informações.

Desejo e necessidade

Como citei anteriormente, não considero minha infância como marcada pela necessidade do básico, mas também confesso que não foi marcada pela fartura e pela ostentação. Tudo na casa de

Capítulo 1 | Desejos e necessidades

meus pais sempre foi bastante comedido e, quando eu pensava em ter algo a mais, precisava recorrer aos meus próprios esforços para conseguir. Sendo assim, fosse nas minhas tentativas de empreendedorismo ainda da adolescência, fosse nas minhas oportunidades de emprego e até mesmo no início do meu negócio já na juventude, todas as minhas iniciativas sempre tiveram como objetivo principal não o suprimento de necessidades como alimentação, saúde e educação, mas sim atender a outras demandas que surgiram ao longo do tempo, como as do meu curso na faculdade, o consórcio da minha moto e até mesmo o crescimento do meu próprio negócio.

Enquanto percebia o surgimento desses anseios, já alimentava o desejo de me tornar um grande empreendedor, e notava cada vez mais que o mercado de produtos para limpeza automotiva poderia me proporcionar esse crescimento.

Hoje, considero que todas as necessidades pelas quais um dia já passei podem ser supridas diariamente com o resultado do meu trabalho, e já consigo ir além do básico. Isso não tem a ver apenas com o sucesso financeiro do meu negócio, mas sim com a disciplina que busquei aplicar na gestão financeira desde o início.

Falo muito para as pessoas que não é preciso ganhar uma fortuna por mês para viver bem. Basta estabelecer prioridades e gerenciar o dinheiro com consciência. Conheço pessoas que ganham 10 mil reais por mês e fazem viagens caríssimas todos os anos sem se endividar, enquanto outras ganham 200 mil por mês e não conseguem se livrar das dívidas.

Quanto aos meus desejos, continuo alimentando cada um deles, que se atualizam a cada momento da minha vida. Quando falo em alimentá-los, refiro-me ao fato de que penso neles como metas a serem alcançadas, estabeleço propósito para cada um. Exemplo disso é o desejo que tenho na área profissional de posicionar a minha empresa entre as 10 maiores do mundo. Todos os dias penso no próximo passo que preciso dar para alcançar esse objetivo.

Quanto à minha família, desejo que meus filhos cresçam saudáveis, evoluídos como indivíduos e sejam realizados também pro-

A fórmula do empreendedorismo

fissionalmente. Confesso que sonho em vê-los trabalhando dentro da Vonixx, mas, se isso não for possível, vou celebrar suas conquistas da mesma forma.

Na minha vida, apesar de serem fatores distintos, desejo e necessidade sempre se encontraram e, quando esses encontros ocorreram, ambos cooperaram para fortalecer o empreendedorismo em mim.

Sem dúvida, esse é o melhor dos mundos e acho que hoje estou vivendo muitos dos resultados mais avançados desses encontros. Se eu for analisar, por que hoje me considero muito feliz, tanto na vida pessoal quanto na profissional? Porque, por mais que ainda não tenha realizado todos os meus desejos, vejo que os caminhos para essas realizações estão sendo trilhados e são encarados por mim como verdadeiras demandas do meu cotidiano.

Quando uno desejo e necessidade, vejo que a realização de ambos está sendo construída e o sentimento é inevitavelmente de dever cumprido, porque olho para o meu dia e penso: "hoje fiz o que era preciso para avançar mais um passo rumo às minhas realizações". Isso faz que me sinta – e me torne – uma pessoa melhor, me estimula a ajudar cada vez mais pessoas, por meio da estruturação de projetos sociais desenvolvidos e apoiados pela minha empresa, em busca de cooperar para que outros também possam sanar as suas necessidades alinhadas aos seus desejos e sonhos.

Referenciais no empreendedorismo

Ao longo da minha carreira, posso dizer que muitas pessoas influenciaram bastante em meu perfil empreendedor – sejam personali-

Capítulo 1 | Desejos e necessidades

dades bem conhecidas ou próximas a mim. Um desses nomes é o fundador da Apple, Steve Jobs.

Sua história e visão de negócio me inspiram até hoje, por diversos motivos. Primeiro, vejo que ele não foi apenas um homem muito criativo, mas também com forte capacidade de conexão de suas ideias fantásticas. Não é à toa que a Apple continua sendo uma das marcas de maior sucesso no mundo da atualidade. Além disso, também me identifico bastante com sua história, justamente porque ele também teve sérias dificuldades na escola e acabou não se encaixando muito no sistema convencional de ensino, foi bastante desacreditado em sua infância e adolescência, mas surpreendeu a todos com o seu sucesso.

Uma das pessoas que mais acompanhou a minha história e tem muito a dizer sobre ela é minha esposa, Milena Mota Maia Nobre. É claro que, neste livro, não poderia faltar a sua participação, o seu ponto de vista da história. Com a palavra, Milena...

A fórmula do casal empreendedor

Vim de uma família na qual minha mãe é dona de casa e meu pai operador de caminhão Munck – aquele tipo usado em construções, para transportar grandes blocos de concreto e até alguns tratores.

Meu pai não teve acesso aos estudos e minha mãe cursou somente até a quarta série do primeiro grau. Apesar dessa realidade, houve da parte deles um cuidado especial para que seus filhos não seguissem pelo mesmo caminho e, assim, consegui estudar.

Tanto na escola quanto com meus amigos do bairro, desde pequena eu já demonstrava uma facilidade grande para me comunicar e, além disso, mediar situações de

A fórmula do empreendedorismo

conflito. Nunca gostei de discussões mais acaloradas e, sempre que via alguma briga acontecendo, corria para tentar acalmar os ânimos dos envolvidos.

Creio que devo muito desse caráter mediador a dois fatores principais: primeiro, ao ambiente da casa onde cresci, sempre permeado pelas discussões entre o meu pai, alterado pela bebida alcoólica, e minha mãe, exausta com os serviços domésticos. Aquele cenário me deixava bastante magoada. Sendo assim, creio que cresceu em mim o desejo de evitar desentendimentos dentro e fora de casa. Em segundo lugar, à minha avó materna, que também ajudou a me criar e acabou se tornando um amparo emocional, sempre me ajudando a buscar o caminho da paz e do diálogo. "Tudo isso que está acontecendo vai passar, minha filha", minha vó me dizia.

Minha avó sempre foi uma pessoa muito sábia e acabou me ajudando a viver como que na contramão do sistema para o qual a vida na minha própria casa parecia querer me levar. É verdade que nunca faltou o básico para nós dentro da casa dos meus pais. Mas também não posso negar que, muitas coisas que vivenciei ali, decidi que faria diferente quando tivesse formado a minha própria família, com meu marido e meus filhos.

"Vou casar com um homem que não tenha problemas com bebida alcoólica, e também não quero ser dona de casa, não quero depender de marido, quero ter o meu salário, chegar ao final do mês e poder comprar as minhas coisas", pensava comigo mesma, já desde garota.

A minha ideia era basicamente começar a trabalhar em qualquer lugar com um emprego honesto, dar o meu melhor nesse trabalho, ter o meu dinheiro ao final do mês, juntar com o dinheiro do meu marido e, juntos, conseguirmos construir algo, diferente do contexto que presenciava na casa dos meus pais.

Capítulo 1 | Desejos e necessidades

Naquela época, adolescentes de 15 anos já podiam deixar seus currículos nas agências de empregos e foi exatamente isso que fiz. Consegui participar de uma seleção com cerca de 50 candidatos para cinco vagas em uma rede de lanchonetes e fui escolhida. Aquilo foi incrível para mim, passei no processo seletivo e me senti muito realizada em conseguir o meu primeiro emprego!

Um pouco antes dessa época, quando tinha 13 anos, conheci o Paulo. Sempre inquieto, ele já havia trabalhado com os tios dele, no Beco da Poeira e vendendo as telas mosquiteiras. Por isso, diferentemente de mim, ele já tinha mais experiência profissional.

Na época em que nos conhecemos, começamos a namorar escondido, porque o meu pai não permitia que suas filhas namorassem. Paulo até foi pedir permissão pessoalmente ao meu pai, mas não houve acordo. Por isso, nossos encontros eram feitos fora das vistas dos meus pais.

Apesar de parecer que estávamos fazendo algo errado, sempre tive a certeza de que eu e Paulo seríamos parceiros para a vida e que ainda iríamos crescer muito... juntos. Quando olho para tudo o que conquistamos hoje, para o nosso lar e nossa família, tenho total certeza de que tudo valeu a pena!

Milena Mota Maia Nobre

Capítulo 2

OPORTUNIDADE E POSSIBILIDADE SÃO DIFERENTES, MAS PODEM SER COMPLEMENTARES

Um empreendedor aprende a reconhecer quando a oportunidade vira possibilidade.

"A melhor maneira de começar alguma coisa é parar de falar e dar o primeiro passo."

*Walt Disney
(produtor cinematográfico, cineasta e empreendedor)*

Capítulo 2

Quando comecei a fabricar os produtos de limpeza por sugestão do meu amigo Reginaldo, logo percebi que ali se iniciava uma nova oportunidade na minha vida, e a veia empreendedora que tenho voltou a pulsar fortemente.

Reginaldo me deu a ideia de fabricar um desinfetante e me disse onde vendiam as matérias-primas. Inicialmente, fiz 10 litros desse produto com cheiro de eucalipto. Além disso, também consegui fabricar 10 litros de água sanitária. Dividi os 20 litros de produtos de limpeza em dez garrafas de um litro, cada, e saí para vender na vizinhança, na rua da minha mãe e para minha família.

As vendas foram bem-sucedidas e percebi que valia a pena investir meu tempo e energia na fabricação daqueles produtos porque seu comércio já me trouxera alguma renda e havia me tirado do sufoco. Ainda assim, sentia que não era exatamente aquele o trabalho que me brilhava os olhos. "Comecei a fazer o caminho, mas falta alguma coisa e eu vou descobrir o que é", pensava comigo mesmo.

Mantive-me por algum tempo fabricando os produtos de limpeza doméstica, mas confesso que foi mais por necessidade que especificamente por paixão ao negócio. Não era aquilo que queria para mim, mas precisava do dinheiro para pagar as passagens de ônibus, o consórcio da minha moto, as apostilas da faculdade e o almoço no Restaurante Universitário.

Como a minha inquietação continuava em relação à linha de negócio que deveria seguir, não parei de pensar em como poderia segmentar o meu novo empreendimento de maneira que também me fizesse olhar para ele com paixão.

Até que, um dia, tive a ideia de fabricar o meu primeiro produto para limpeza automotiva. Fabriquei uma garrafa de um litro de "lava-autos" (um tipo de xampu para lavar carros). Para testar o produto, um amigo se dispôs a usá-lo em um carro bem velhinho que seu pai tinha. Após usar o produto, sua avaliação foi muito positiva: "rapaz esse produto é até melhor do que o outro que usava aqui", ele comentou.

Vendo que o meu novo xampu havia sido aprovado no teste, fabriquei mais algumas garrafas desse produto e saí para começar a vendê-lo por R$ 2,00 o litro.

O primeiro local onde ofereci o meu lava-auto foi o lava-rápido do Carlinhos, no bairro da Lagoa Redonda, em Fortaleza. Inicialmente, disse a ele que também fizesse o teste do xampu e o resultado foi o mesmo da primeira experiência.

— O xampu está muito bom, Paulo. Mas o preço que você cobra sai caro para mim. O outro produto que já compro está mais barato – disse o dono do estabelecimento.

— Eu sei que o preço dele é mais alto, mas ele também é diferenciado, porque reduz o atrito e rende mais durante a lavagem – argumentei.

A fórmula do empreendedorismo

Diante desses fatores, ele aceitou comprar algumas unidades para fazer mais alguns testes e realmente gostou do produto, tanto que se tornou um dos meus primeiros clientes fixos.

Mercado desafiador = grande oportunidade

Além do lava-rápido do Carlinhos, naquele ano comecei a visitar também outros estabelecimentos e as reações dos empresários foram variadas. Alguns aceitaram fazer o teste e compraram o produto; outros só fizeram o teste, mas não compraram; e outros ainda, quando souberam do preço, nem mesmo quiseram testar.

Fiquei me perguntando o porquê dessas reações diferentes. O meu produto era bom e eu tinha convicção disso. O seu valor era justo, eu também não tinha dúvidas. Então, por qual motivo alguns não queriam comprá-lo?

Comecei a pensar mais detalhadamente nos cenários que encontrava durante as vendas e, quando avaliei alguns pontos, entendi melhor a realidade dos clientes que estava abordando. Em muitos desses lava-rápidos, os donos orientavam seus funcionários a lavar os carros com espumas velhas de colchão – que, muitas vezes, tinham areia dentro delas, fazendo pequenos arranhões na lataria – passavam óleo diesel no chassis para dar brilho e tirar ferrugem, água com açúcar nos pneus para dar brilho, óleo queimado de motor no painel para deixar brilhoso – o que, na verdade, ressecava ainda mais o material. Além disso, limpavam os vidros com jornal, enceravam e tiravam a cera com estopa e enxugavam os carros com uma flanela ou um pano que mais parecia pano de chão.

Mais que um apaixonado por carros, sempre prezei muito pela qualidade de qualquer serviço e todo aquele cenário me fez rir, mas também me deixou muito preocupado. "Se esses donos de lava-rápidos nem mesmo investem no básico para lavar os carros de seus clientes, como vão comprar um produto diferenciado como o meu? Para eles, tudo é simplesmente 'caro' e vou ter de convencê-los a comprar o meu xampu. Será que o mercado todo é assim?", pensei comigo mesmo.

Capítulo 2 | Oportunidade e possibilidade

Mesmo essa avaliação sobre o mercado em que estava entrando não me desanimou. Pelo contrário, vi naquela situação um grande desafio – assim como uma grande oportunidade, também – comecei a pensar em não apenas convencer esses empresários a comprar o xampu que eu havia criado, mas também em criar outros produtos que se mostrassem mais eficientes para atender à demanda deles. "Talvez, eles não estejam fazendo essas gambiarras somente por questão de economia, mas justamente por ainda não existirem produtos específicos para atendê-los nessas necessidades", pensei. Nessa época, também fazia muitas perguntas sobre o que eles usavam, que marcas já existiam no mercado, onde eles compravam os produtos, como era a aplicação... e foi com estas muitas perguntas que fui aprendendo.

Se o cliente estranhar seu produto de primeira, não desanime. Talvez seja simplesmente porque ninguém havia apresentado algo realmente de qualidade a ele.

Foi então que me veio a ideia de fabricar alguns produtos com finalidades específicas, como dar brilho ao painel do carro ou substituir o uso do óleo diesel passado no chassi dos carros. Se eu conseguisse desenvolver produtos específicos para a área de limpeza automotiva, oferecendo uma melhor qualidade, melhores resultados e, teoricamente, com bom rendimento e satisfação do cliente, consequentemente, entraria muito bem nesse mercado.

Lançando novos produtos

O que me levou a fabricar produtos de limpeza automotiva foi o fato de unir o meu conhecimento da faculdade a algo que já me atraía desde a infância: carros.

Desde garoto, eu já brincava com meus carrinhos e aprendia mais sobre os modelos. Como me dediquei à área da Química Industrial,

45

A fórmula do empreendedorismo

e não da Mecânica, criar esses produtos foi a maneira que encontrei de me aproximar do mundo automotivo.

Meu pai só conseguiu comprar um carro quando eu já era adolescente, tinha cerca de 16 anos. Aquele Chevette 1983 foi comprado a custo de muito trabalho e esforço dos meus pais; e confesso que, mesmo ainda não tendo carteira de motorista na época, já me sentia realizado como se eu mesmo tivesse comprado o meu próprio carro.

Diferentemente da fabricação dos produtos de limpeza doméstica, o mercado de limpeza automotiva enfim me brilhava os olhos e me dava motivação para andar na minha moto por onde fosse preciso em Fortaleza para vender os meus produtos.

Quando comecei a desenvolver produtos específicos, fazia alguns testes no carro do meu pai mesmo e outros em carros de amigos. Os resultados geralmente eram muito bons e arrancavam elogios das pessoas. Foi então que pensei: "agora isso precisa ser mostrado para mais gente".

Na época, eu já havia conquistado a confiança do Carlinhos e também da Valquíria – dois clientes fixos, que eram donos de lava-rápidos em Fortaleza – e aproveitei esse contato com eles para apresentar meus novos produtos. Então, depois do lava-autos comum, criei também o "Pneu Pretinho", para substituir o uso da água com açúcar, um produto específico para limpar vidros sem precisar de jornal e mais dois outros produtos.

Ofereci essas novidades primeiro aos meus clientes já fidelizados, mas depois saí com minha moto para oferecer novamente o xampu e esses novos três produtos a clientes que já haviam comprado de mim e também a outros a quem sabia que teriam suas necessidades atendidas pelo que eu tinha a oferecer.

Obviamente, o início não foi fácil. Eu chegava a esses estabelecimentos, apresentava os produtos e as reações continuavam sendo diversas: alguns gostavam da ideia e compravam, outros ofereciam muita resistência. O principal motivo dos donos de lava-rápido para resistir à minha proposta era novamente o aumento dos

Capítulo 2 | Oportunidade e possibilidade

custos caso optassem por usar os meus produtos. Assim, o serviço deles ficaria mais caro, o que eles temiam que "espantasse a clientela". Sendo assim, muitos deles questionavam: "por que vou usar esse limpa-vidros se com o jornal já está dando certo?"; "Por que vou pagar R$ 3,00 nesse produto para dar brilho aos pneus se eu uso uma mistura de água com açúcar e dá certo?". Mas não me intimidei diante dessas recusas e questionamentos. Eu estava certo da qualidade das minhas produções e essa convicção me deu ainda mais segurança para destacar seus diferenciais.

"Com o limpa-vidros você ganha muito mais agilidade na lavagem do para-brisa e das janelas, com o 'Pneu Pretinho' o brilho dos pneus dura mais tempo e com esse xampu antiaderente haveria menos risco de arranhar a lataria do carro", expliquei, diante das perguntas.

Quando apresentei os diferenciais dos produtos como benefícios aos clientes que deixavam seus carros nesses lava-rápidos, os donos confessaram que havia alguma insatisfação com a qualidade do serviço prestado até ali. Eles haviam percebido que, na maioria das vezes, esses problemas aconteciam em razão da baixa qualidade dos produtos que estavam usando para lavar os carros.

— Paulo, realmente, alguns clientes reclamam do resultado e alguns não voltam mais. Eles dizem que não adianta trazer o carro aqui se o brilho do pneu não dura, se a lataria não brilha por mais tempo ou se o painel fica ressecado – me contaram.

— É por isso que usar um produto específico vai te dar um retorno melhor. Você aumentará o investimento, a lavagem ficará um pouco mais cara, mas você também vai garantir que o cliente volte, porque a qualidade do serviço também aumenta. Não adianta nada economizar, baixar o custo e perder o cliente – respondi.

Com essas argumentações, consegui convencer vários donos de lava-rápido a investirem mais e comprar os meus produtos, porque os benefícios de cada material ficavam claros assim que eram usados. O processo e os resultados foram exatamente os que tinha apontado durante minhas conversas: melhoria na qualidade

A fórmula do empreendedorismo

do serviço e clientes satisfeitos, afirmando que voltariam a lavar o carro nesses estabelecimentos, apesar do aumento dos preços.

Inovar e entusiasmar

Os clientes estavam mais satisfeitos porque os produtos tinham mais qualidade e durabilidade. Com isso, os donos de outros lava-rápidos que aceitaram fazer os testes com os meus produtos se tornaram também meus clientes fixos, comprando sempre de mim para não deixar faltar em seus estoques.

Após vencer o desafio de convencer esse mercado quanto à importância de investir mais na qualidade dos produtos, a aceitação que obtive foi muito grande, o que me deixou bem entusiasmado e levou a pensar em novas ideias para lançar.

O que sempre me guiou nessas inovações foi buscar quais eram as maiores dores desses clientes. Parte dessas necessidades, eles conseguiam identificar e compartilhar comigo, mas outra parte exigia muita observação. Por isso, a cada visita que fazia aos lava-rápidos, eu vendia meus produtos, mas também buscava observar como os carros eram lavados e quais eram as principais necessidades dos clientes deles.

Se o dono de um carro buscava manter os aros de seus pneus sempre brilhando e compartilhava isso com o dono do lava-rápido, eu elaborava um produto com essa finalidade específica; se outro cliente sofria com mofo no estofado, eu também pensava em um produto que pudesse resolver tal problema, e assim por diante. Minha constante inquietação, sempre buscando novas ideias, também deixou os donos dos lava-rápidos bem animados. Mas vale lembrar que essa fase não foi só de empolgação e entusiasmo. Meus clientes estavam satisfeitos com diversos produtos que eu lançava, mas outras propostas foram bem desafiadoras para mim, como foi o caso da própria cera – a mesma que hoje nos coloca como líderes de mercado.

Capítulo 2 | Oportunidade e possibilidade

Desde o início, acreditei que conseguiria fabricar uma cera de altíssimo nível, com uma qualidade indiscutível. Mas sonhar alto exige muito de nós na jornada para alcançar as realizações. Prova disso é que demorei cerca de dez anos de muitas pesquisas e experimentos para chegar ao nível que a nossa cera tem atualmente.

Na época em que comecei a fabricar a minha cera, os donos de lava-rápidos usavam um outro produto bem conhecido no mercado, que na época era comprado por esses estabelecimentos em embalagens econômicas de cinco quilos.

Quando apresentei a minha cera nesses locais, ela foi reprovada. Depois de um minuto em que era aplicada na lataria do carro, grudava e não tinha mais como removê-la – e esse problema exigiu muito de mim nas pesquisas e experimentos. Tempos depois, quando consegui resolver a questão da remoção, surgiu outro: os clientes começaram a comprar meu produto satisfeitos com o resultado, mas, após uma semana em armazenamento, devido a uma instabilidade na fórmula, a cera se tornava completamente líquida e perdia sua função.

Imagine o meu prejuízo, tendo de receber de volta toda a cera vendida e devolver o dinheiro aos clientes, além, é claro, da insatisfação dos donos dos lava-rápidos, cuja confiança me esforcei tanto para conquistar. Eu ficava desesperado quando levava 10 embalagens de cera em uma rota de vários clientes e voltava de lá com 50, porque 40 haviam estragado.

Rapidamente, retomei os experimentos para descobrir qual seria o motivo de a cera estar se tornando líquida. Então, concluí que o problema não estava na fórmula, e sim na forma de armazenamento. Quando entrava em contato com a embalagem, o produto sofria uma reação e perdia sua consistência. Essa descoberta foi para mim um misto de alívio e desafio: precisava encontrar urgentemente uma embalagem que não provocasse esse tipo de reação na cera. Encontrada a embalagem certa, voltei aos meus clientes e pude ver a satisfação deles ao comprar e usar um produto de qualidade.

A fórmula do empreendedorismo

Atualmente, a fórmula da nossa cera é praticamente a mesma daquela que fabriquei inicialmente, mas, ao longo do tempo, fomos descobrindo como otimizar cada vez mais o armazenamento desse produto.

Oportunidade vs. possibilidade

O início da minha trajetória como empreendedor no ramo de limpeza automotiva foi de grandes aprendizados. Uma das lições mais significativas que tive nessa época foi aprender a identificar bem as oportunidades e as possibilidades, entendendo também que há diferenças entre elas.

Falando em possibilidades, elas foram incontáveis na minha vida, assim como creio que são na vida de todo empreendedor. Mais especificamente dentro do ramo de limpeza automotiva, as possibilidades eram diversas e percebi cada uma delas. Eu poderia prospectar meus clientes entre os próprios donos de carros que lavam seus automóveis em casa, poderia buscá-los em concessionárias, mas enxerguei um mercado com demanda mais evidente nos lava-rápidos.

Quando vi que os lava-rápidos não usavam produtos específicos na limpeza dos carros, superei a visão míope de que "esses empresários simplesmente não aceitam investir em um produto de qualidade" e visualizei aquele cenário como grande oportunidade para me aproximar e mostrar a eles – de uma forma que nunca tinham visto antes – as vantagens de investir mais em produtos de qualidade. Nesse momento, percebi que uma possibilidade se tornou oportunidade. No meio de tantas situações possíveis, enxerguei uma brecha pela qual poderia entrar e prosperar naquele mercado.

Não tinha ninguém fazendo aquilo que eu fazia. Então, a partir do momento em que percebi aquele cenário com uma demanda forte com escassez de oferta, elaborei a minha ideia e a coloquei em prática, o que enfim valida o ato de aproveitar a oportunidade.

Capítulo 2 | Oportunidade e possibilidade

De que adianta a oportunidade estar diante do empreendedor e ele ter uma ideia genial, se nada sair do campo das ideias?

Vale ainda destacar que a oportunidade não surgiu perfeita. Quando a percebi, encontrei diversos obstáculos e isso não fez dela uma chance ruim. Pelo contrário, sou grato por cada problema que surgiu no caminho neste início, pois foi devido a eles que descobri novas maneiras de elevar a qualidade dos meus produtos e suprir as demandas dos clientes com mais excelência.

A grande sacada do empreendedor na análise das possibilidades e identificação das oportunidades é visualizar como é possível fazer delas uma realidade e buscar trilhar esse caminho, que só será descoberto por suas próprias tentativas.

Se eu olhasse para aqueles donos de lava-rápidos simplesmente como empresários que usavam de "gambiarras" e não estavam dispostos a comprar meus produtos, não me sentiria desafiado a lhes oferecer um lava-auto, um limpa-vidro e uma cera de qualidade. Porém, confiei que o nível das minhas produções era diferenciado e que, naquele cenário, havia demandas que parte desses empresários ainda não tinha percebido. Se eu não aproveitasse esse contexto para agir, de nada valeria a oportunidade que surgia entre tantas outras possibilidades. Por isso, meu alerta a você, empreendedor e leitor, é que manter a cabeça fechada para as possibilidades diminui a sua capacidade de identificar as oportunidades. Suponhamos que você mantenha firme em sua mente que jamais abrirá uma filial do seu negócio no estado vizinho ao seu pela dificuldade de logística e pela presença de um forte concorrente que dificultaria sua entrada naquele mercado. Mas certo dia, inesperadamente, você fica sabendo que aquele grande concorrente fechará as portas, deixando o mercado totalmente aberto para você.

Veja a oportunidade tamanha que você está desperdiçando: um mercado já aquecido e agora sem seu principal fornecedor. Se

A fórmula do empreendedorismo

você já estivesse se estabelecendo no local, seria uma opção direta para os clientes da empresa que fechou.

Em meio às possibilidades: a oportunidade

Vale lembrar também que uma oportunidade se revela vantajosa de acordo com a realidade do empresário. Por essa razão, ela precisa ser sempre analisada dentro da realidade da empresa. Ao final das contas, quem acaba fazendo da possibilidade uma oportunidade real é o próprio empreendedor.

O fundador da Apple, Steve Jobs, por exemplo, se antecipou ao perceber que as pessoas estariam abertas a usar um "computador" na palma de suas mãos. Dessa forma, criou o iPhone – uma das principais opções de *smartphone* no mundo até os dias de hoje – e revolucionou o mercado de tecnologia.

Provavelmente, outras empresas do Vale do Silício na época enxergaram que essa não seria uma oportunidade a ser aproveitada naquele momento – por diversas razões – e, assim, não se colocaram na corrida tecnológica que Jobs iniciou. É óbvio que, anos mais tarde, a genialidade da ideia já era visível, porém só aproveitou realmente a oportunidade quem conseguiu fazer dela uma realização. Steve Jobs não perdeu tempo ouvindo a opinião dos outros, apenas seguiu o que acreditava ser o melhor caminho e se empenhou em realizar o que havia proposto em sua mente.

No meu caso, se eu fosse ouvir os conselhos de todos que me rodeavam, poderia perder meu foco. "Você pode ir à concessionária de carros X. Lá você vai vender bem" ou "Você pode apresentar o seu produto para a rede de supermercados Y". Mas eu estava determinado a vender para os clientes que entendia que tinham maior demanda: os lava-rápidos. Em resumo, as possibilidades eram diversas e fizeram parte do processo, mas precisei focar onde visualizei a melhor oportunidade.

A verdade é que as coisas realmente começam a acontecer apenas quando o empreendedor visualiza entre as possibilidades uma boa oportunidade e coloca em prática um plano para aproveitá-la.

Capítulo 2 | Oportunidade e possibilidade

Reconheço que, em alguns momentos, a iniciativa pode dar errado em um ou outro ponto, mas se o medo de errar for maior que a vontade de fazer, o empreendedor nunca saberá o que dá certo, de fato. Sendo assim, o que sempre falo como empreendedor é:

1. **Calcule o risco.**
2. **Determine se há chance de você ir à falência com essa "oportunidade".**
3. **Se houver risco de ir à falência, não siga em frente com ela.**
4. **Se houver como eliminar o risco de falência ou não houver risco, prossiga.**

Eu me considero um empreendedor de perfil arrojado, mas não sou inconsequente.

Quando decido entrar em um negócio ou iniciar um novo projeto, sempre avalio se essa nova ideia não vai prejudicar a estrutura da minha empresa.

Na época em que comecei a fabricar os produtos específicos para vender nos lava-rápidos, sabia que não poderia arriscar mais que R$ 1.000 em uma oportunidade, porque era o meu limite. Se eu arriscasse R$ 10.000, que era boa parte do total investido no meu negócio naquele tempo, colocaria a minha empresa em risco.

Creio que o empreendedor precisa ter a expertise para analisar até que ponto cada possibilidade se apresenta como uma boa oportunidade, calcular o risco e, caso essas duas análises tenham resultados positivos, colocar em prática as ideias para esse novo projeto.

Reinvestir sempre

Além de avaliar os riscos de falência, creio que também seja importante que o empreendedor sempre reinvista grande parte de seu lucro na própria empresa. Vejo diversos empresários que se em-

A fórmula do empreendedorismo

polgam quando seu negócio começa a dar lucros e colocam essas quantias no próprio bolso. Mas isso é muito prejudicial aos negócios.

Se o patrão vive ostentando, deve faltar recursos em sua empresa. Mas se ele vive moderadamente, sua empresa deve estar crescendo bastante. Por um bom tempo, ficamos sem usufruir com medo de faltar recursos para a empresa. Preferimos reinvestir.

No meu caso, confesso que demorei bastante até começar a usufruir financeiramente do crescimento do meu negócio, pois sempre tive receio de tardar este crescimento, caso utilizasse o dinheiro. Por isso, aumentei o "salário" que sempre defini para uso pessoal somente depois que a Vonixx cresceu absurdamente. Mesmo assim, ele ainda não passa de 5% do lucro que tenho mensalmente com a empresa.

Eu estou sempre investindo bastante no meu negócio – mesmo que isso signifique um "salário" baixo para mim por algum tempo. Sempre fiz dessa forma porque sabia que, se continuasse sendo "pobre" por cerca de 10 ou 15 anos para enriquecer a minha empresa, depois desse tempo eu seria rico junto com ela. E assim poderia usufruir de uma casa melhor, de um carro melhor e uma realidade de vida mais confortável… mas tudo precisa estar bem colocado no orçamento, sem prejudicar as finanças do empresário e da empresa.

Vejo, por exemplo, um jogador de futebol milionário como Neymar, que compra sua Ferrari e é visto como um ostentador. Eu não o enxergo dessa forma, porque o valor de uma Ferrari é menos de 0,1% do total que ele ganha com os contratos pelo time e os vários de publicidade que assina. É simplesmente uma questão de fazer as contas e ver se cabe ou não no orçamento.

Se um empresário começa a ver seu negócio crescendo e fatura R$ 100 mil no mês, com lucro de R$ 20 mil, eu aconselho que, nessa

Capítulo 2 | Oportunidade e possibilidade

fase, ele faça o seguinte: tire um salário de R$ 5 mil, ou menos, e reinvista o resto; tente sobreviver com o mínimo. É sempre assim que faço as contas. Essa quantia não precisa ser fechada em um valor determinado, como um salário fixo, mas sim num percentual do lucro total, e considero que essa é a grande sacada para fazer uma empresa crescer cada vez mais. O empresário pode tirar 1, 10 ou até 100 milhões de reais para ele, desde que esses R$ 100 milhões sejam um percentual baixo do lucro do negócio e que essa retirada não vá impedir seu crescimento.

Se estabeleço uma meta ousada de um crescimento de 100% no ano, então obviamente, para alcançá-la, vou precisar investir mais em estrutura, máquinas, caixa, equipe e tantas outras áreas para obter esse avanço. Se eu simplesmente gastar todo o lucro da minha empresa ou maior parte dele, não vou ter recursos para o investimento mais pesado que deveria fazer.

Caso o empreendedor queira subir esse percentual de uso pessoal aceitando um crescimento menos acelerado – mas ainda consolidado – para sua empresa, recomendo que essa retirada não ultrapasse 20% do lucro. Sendo assim, se a empresa dele faturou R$ 1 milhão no mês e lucrou R$ 200 mil, recomendo que ele tire até R$ 40 mil para uso pessoal e reinvista os outros R$ 160 mil no próprio negócio. Essa é uma forma saudável de o empresário crescer junto com a empresa.

Alfabetização do empreendedor

Na etapa inicial do meu negócio no setor de limpeza automotiva, três elementos essenciais marcaram o crescimento da empresa e, por isso, quero acrescentá-los a esse quadro de maneira bem clara.

São eles: Diferencial, Especialização e o meu jeito "Fuçador".

A fórmula do empreendedorismo

Diferencial

Desde o início do negócio, tive de focar no diferencial dos meus produtos para conquistar a aceitação dos meus clientes no mercado. Afinal, eu não tinha margem para fabricar em larga escala, não tinha uma forte estrutura de logística para entregar em grande quantidade e por um preço realmente competitivo. Por isso, meus argumentos sempre foram focados na especificidade das minhas produções e no resultado indiscutivelmente melhor que o uso de cada um dos produtos traria para o serviço nos lava-rápidos que visitava.

O meu lava-auto era melhor porque era antiaderente, o meu limpa-vidros era melhor porque dava um resultado melhor que a lavagem com sabão e jornal, o meu "Pneu Pretinho" era melhor porque – diferentemente da água com açúcar – deixava o pneu brilhando por mais tempo, a minha cera era melhor porque deixava a lataria do carro mais bonita e mais resistente aos efeitos do sol e da chuva por mais tempo.

Consegui até mesmo substituir a estopa que era usada nos lava-rápidos por uma flanela especial de microfibra que passei a importar. Quando propus que os donos dos estabelecimentos adotassem minha flanela, inicialmente encontrei resistência porque o meu produto era mais caro. Mas quando mostrei o diferencial da microfibra, ela se tornou febre entre os meus clientes e todos compraram.

Vejo que o diferencial é necessário por vários motivos: entre eles, o fato de que o seu produto/serviço se torna exclusivo, e exclusividade é algo que se fixa na mente das pessoas e te dá respaldo para cobrar um preço mais alto. Quando você se diferencia, agrega valor ao seu trabalho. Se um produtor de bebidas, por exemplo, lançar um suco de laranja e disser que naquela latinha de 200 mL tem o suco concentrado de oito laranjas, e sem agrotóxicos no plantio, isso torna a bebida exclusiva, e muitos consumidores aceitarão pagar um valor mais alto por ela para ter acesso a mais qualidade.

Capítulo 2 | Oportunidade e possibilidade

Especialização

Procurei me especializar para me tornar um profissional de alto nível no que faço. Quando me especializei, nichei o meu negócio, propondo-me a ser não apenas bom, mas sim o melhor no que me proponho a fazer. Sendo assim, mesmo quando a concorrência tentou chegar junto, eu já estava tão bom naquilo que fazia – devido à prática exaustiva e a minha busca constante por estar à frente – que a qualidade dos meus produtos sempre superava a dos concorrentes.

Eu acordava e dormia pensando em limpeza automotiva e, de tanto focar nesse nicho de mercado, tornei-me referência como fabricante desses produtos. Isso não quer dizer que você não deve diversificar o seu negócio. Diversifique, mas tenha sempre em mente os produtos/serviços nos quais você é especializado, pois a especialização coloca o empreendedor num patamar acima da concorrência.

Fuçador

Sempre fui muito curioso e, enquanto não descobria o que buscava, a minha inquietação tomava conta de mim. Por isso, considero-me até hoje um verdadeiro "fuçador" ou um profissional – como dizem no interior do Ceará – bastante "buliçoso".

Considero que essa característica me ajudou bastante como empreendedor, porque era como uma injeção motivacional para me manter sempre inovando ou encontrando formas de resolver os meus problemas.

Creio que, se não fosse tão fuçador, não teria chegado ao nível de qualidade que temos hoje com a nossa cera, não teria descoberto o motivo que inicialmente a levava a derreter e se tornar líquida, não teria descoberto que a microfibra é muito melhor que a estopa para encerar o carro após a lavagem etc.

Quando queria desenvolver qualquer nova ideia, ia "fuçando" até encontrar uma solução! Perguntava aos professores, bus-

A fórmula do empreendedorismo

cava na internet, pesquisava nos livros. Quando avançava nas pesquisas e descobria o funcionamento de tudo, comprava matéria-prima para fazer os testes e não sossegava até chegar ao resultado que buscava.

Referenciais no empreendedorismo

Na minha jornada como empreendedor, tive – e ainda tenho – bons referenciais que sempre foram fontes de muito aprendizado para a minha carreira, mesmo que não os tenha conhecido pessoalmente. Um deles é Ivens Dias Branco.

Ao longo de sua carreira, ele revelou ter uma visão sobre seus negócios com a qual me identifico bastante. Ivens Dias Branco sempre quis conquistar o mercado, crescer, inovar, mas também queria reduzir os custos sem baixar a qualidade de seus produtos e, assim, se tornar mais competitivo.

Uma das formas que o Ivens tinha de reduzir custo era produzindo as próprias matérias-primas para suas fabricações. Exemplo disso é que ele produzia a própria manteiga para fabricar seus biscoitos. Em outros casos – como do açúcar – ele não o produzia, mas importava em grandes quantidades para reduzir o preço; importava o trigo da Argentina e manufaturava essa matéria-prima ele mesmo para ter custo mais baixo e baratear suas produções. Além disso, criou a LDB para transportar seus produtos, entre outras iniciativas. Seguindo essa ideia, consegui reduzir de 10 a 20% dos custos quando passei a produzir algumas matérias-primas internamente. Isso me ajudou demais para fazer o meu negócio crescer e foi uma inspiração que tive após conhecer a história do Ivens. Além disso, tenho uma identificação forte com a história dele, porque ele também sofreu muito preconceito por ser nor-

Capítulo 2 | Oportunidade e possibilidade

destino. Apesar de ser o fundador da maior indústria de biscoitos da América Latina (Fábrica Fortaleza), teve grandes dificuldades para entrar no sul do Brasil.

Criou o nome fantasia Richester para facilitar esse acesso, mas ainda assim enfrentou barreiras. Mesmo assim, ele não se deixou intimidar por isso e começou a comprar as fábricas do sul e sudeste do país, como fez tempos atrás com a Adria e depois com a Piraquê.

Comigo ocorreu algo parecido. Muitas empresas de outras regiões do Brasil tinham resistência em comprar produtos fabricados no Nordeste – incluindo os meus – porque diziam, por exemplo, que "o Ceará não tem tradição em produtos para detalhamento automotivo" e que só quem tinha qualidade nessa fabricação eram marcas internacionais e algumas de São Paulo. Mas isso também não me intimidou, continuei insistindo em entrar no mercado fora do Nordeste e hoje minha empresa já tem reconhecimento até mesmo internacional.

A fórmula do casal empreendedor

Na época em que o Paulo começou seu negócio, fabricando produtos de limpeza – ainda domésticos e não da área automotiva – eu cursava o Ensino Médio. Então, estudava pela manhã e em várias tardes corria para a casa dele para ajudá-lo, atendendo a pedidos, lavando e enchendo as garrafas com desinfetantes e outros produtos que ele fabricava.

Eu passava muitas tardes e noites ao lado do telefone, esperando os pedidos dos clientes – que ainda eram poucos – e rodeada de embalagens e garrafas de produtos de limpeza, enquanto Paulo se dedicava às pesquisas, ao estudo e à fabricação.

A fórmula do empreendedorismo

É verdade que o início não foi nada fácil. Por vários dias, não recebíamos qualquer ligação e nem mesmo fazíamos uma venda sequer. Mas otimismo e bom humor não faltavam naquela pequena empresa que estava nascendo. Paulo saía para fazer as entregas e a primeira coisa que perguntava ao chegar era: "E aí, alguém já ligou pedindo 1.000,00 litros?".

Além do entusiasmo dele, também contávamos com o apoio de familiares nossos, como a minha mãe e avó, que sempre nos davam garrafas de plástico que pegavam na rua ou até mesmo compravam de catadores. Além disso, eles também compravam nossos produtos e indicavam para os vizinhos também comprarem conosco.

Apesar do meu apoio e da minha participação no negócio que o Paulo estava desenvolvendo, eu não enxergava aquele trabalho como algo definitivo para mim. Afinal, mesmo já tendo em mente planos de me casar com ele, não me imaginava trabalhando com meu marido e sim em uma profissão desvinculada da empresa dele. Prova disso é que eu resisti à ideia de deixar o emprego na rede de lanchonetes onde trabalhava. "Quando a empresa do Paulo estiver mais estável, eu busco as minhas oportunidades fora", pensava.

Por isso, eu tinha um "cálculo" na minha mente: "Eu ganho X, o Paulo ganha Y, nós vamos nos casar e juntos vamos realizar os nossos planos e sonhos. Mas cada um de nós precisa ter o seu ganho pessoal".

Tentei manter em paralelo os estudos, meu trabalho na lanchonete e a participação na empresa do Paulo por um tempo, mas a situação era insustentável desde o início. Algumas vezes, faltava a aula, outras vezes faltava o trabalho para ajudar a embalar os produtos no "laboratório" dele. E assim acabei sendo dispensada da

Capítulo 2 | Oportunidade e possibilidade

lanchonete após o meu período de experiência. Quando saí do meu emprego, Paulo me propôs:

— Milena, enquanto você não arranja outro emprego, vem me ajudar aqui no meu negócio.

— Paulo, não quero trabalhar com você porque acho que não dá certo um casal trabalhando junto. Isso vai prejudicar o nosso relacionamento – respondi.

— Mas vamos tentar, só por enquanto. Só enquanto você não arranja outro emprego.

Eu acabei aceitando a proposta dele e depois disso fui ficando na empresa. Acabamos nos casando pouco tempo depois, e hoje tenho a certeza de que a proposta dele foi boa e que tomei a decisão certa em aceitá-la.

Milena Mota Maia Nobre

Capítulo 3

CONHECIMENTO FORMAL E INFORMAL SÃO DIFERENTES, MAS UM PODE LEVAR AO OUTRO

Um empreendedor aprende a aprender quando faz de qualquer situação um laboratório.

"Palavras são opiniões, não fatos. Ação é a única verdade."

Princípio do Estoicismo

Capítulo 3

A pós dois anos e meio fabricando e vendendo produtos de limpeza automotiva, percebi que minha empresa já apresentava um crescimento mais visível e se estabelecia com mais firmeza no mercado. Mas se engana quem acredita que essa boa fase diminuiu a minha carga horária de trabalho – pelo contrário. Junto ao ganho maior, houve também um aumento de demanda sobre mim e a minha gestão do negócio.

Confesso que, durante este período, não houve equilíbrio da minha parte com relação ao tempo e energia que dedicava ao meu trabalho, passando cerca de 18 horas por dia em função do negócio.

Provavelmente devido a experiências negativas que vivi trabalhando para outras pessoas anteriormente, a minha visão empreendedora ainda era um tanto quanto míope com relação à importância de delegar funções e descentralizar o trabalho. O medo de ver o negócio dar errado era tão grande que eu simplesmente acreditava que contratar funcionários era uma "perda de tempo" e "gasto desnecessário de energia", e vejo hoje que meu modelo mental de empreendedorismo nessa época ainda precisava amadurecer nesse sentido.

Enquanto o meu trabalho demandava muito mais que apenas o "horário comercial" do meu dia, eu me via em um dilema. Sentia o desejo de continuar aprendendo mais sobre Química para inovar em meus produtos, mas o curso superior na Universidade Federal do Ceará exigia muito de mim. Eu tinha que estudar pelo menos quatro horas por dia, fora as seis horas diárias de aulas. Assim, ocupado 10 horas por dia com os estudos, como poderia me dedicar a um trabalho que demandava 18 horas diárias? A conta simplesmente não fechava. Eu precisava de um dia de 30 horas se quisesse dormir pelo menos um pouco – mas não existem dias assim.

A prova de que queria conciliar trabalho e a minha formação em nível superior era que cheguei a levar os caixotes de produtos comigo para a faculdade, porque já tentava adiantar algumas entregas no retorno do campus universitário para casa. Quando voltava pelo bairro da Parquelândia, já passava pelas lojas dos clientes entregando os pedidos que haviam feito, mas, ainda assim, a minha vida estava caótica.

Apesar de todo o caos, minha empolgação com o negócio só aumentava à medida que os pedidos também aumentavam. Eu começava a ganhar dinheiro, não apenas para bancar os custos de produção e entregas, mas também lucros que poderia reinvestir no negócio. Essas contas e esse controle eram feitos diariamente. Eu vendia os produtos, apurava o preço de cada um, tentava tirar o máximo possível do lucro para reinvestir – na compra de alguns barris mais específicos para armazenar as minhas produções, por exemplo – e separava o mínimo possível para meu uso pessoal.

A fórmula do empreendedorismo

Se alguém me perguntasse quais são os segredos do meu sucesso, diria que o maior deles está na decisão de reinvestir o máximo e usufruir o mínimo possível dos meus lucros nos primeiros anos.

Focar no reinvestimento para acelerar o crescimento da empresa foi a medida mais importante que adotei durante o início do meu negócio. É bem verdade que poderia ter recorrido a outras opções bastante comuns no mercado, como empréstimos bancários, por exemplo. Mas, naquele momento, queria me desafiar nessa área e provar para mim mesmo que era capaz de fazê-lo.

Não julgo quem recorre a outras soluções, como o crédito bancário, mas deixo o alerta de que tudo precisa ser muito bem calculado. Talvez o empreendedor possa lançar sobre seu próprio negócio uma expectativa irreal, e esse empréstimo acabe se tornando uma sobrecarga, podendo, assim, levá-lo ao fundo do poço.

O entusiasmo livrando do "surto"

Como as vendas começaram a aumentar e ainda tinha uma visão centralizadora sobre o meu negócio, tive que decidir entre a empresa e a faculdade. A minha vontade de empreender sempre foi mais forte, mas confesso que essa não foi uma decisão fácil de tomar.

Tranquei as matérias da parte da tarde e tentei continuar com os estudos apenas no turno da manhã, mas a demanda na empresa só crescia e, assim, acabei tendo de trancar tudo temporariamente.

Depois de ter trancado a faculdade, meu foco no trabalho foi total. Eu começava às 6h da manhã e só terminava por volta de meia-noite, sem um dia de folga, sempre ocupado com as pesquisas, os experimentos e as visitas aos clientes para apresentar, vender e entregar os produtos. Passei mais de dois anos nesse ritmo, sem folga, trabalhando 18h por dia. Era quase como um escravo do

Capítulo 3 | Conhecimento formal e informal

meu próprio trabalho, porque tinha pressa em ver o meu negócio crescer e, ao mesmo tempo, resistia em contratar funcionários para trabalhar em minha empresa.

Vendo essa minha situação, você pode estar se perguntando como não passei por um "surto" devido ao desgaste físico e psicológico da época. Sei que o modo como tudo ocorreu foi um tanto arriscado para mim e até reconheço que, se tivesse a maturidade empreendedora que tenho hoje, teria iniciado a formação da minha equipe mais cedo. Mas, por outro lado, o meu entusiasmo ao ver o crescimento do negócio era tanto que me sentia muito bem e todo aquele cenário sempre me dava boas injeções de ânimo, todos os dias.

A maioria dos meus clientes elogiava os meus produtos e, a cada visita que eu fazia a eles, recebia mais encomendas. Enquanto isso, as novidades que apresentava eram bem recebidas, minha credibilidade já sendo formada com os donos de cada estabelecimento. "Paulo, lavei os carros com o seu lava-auto e olha como ficou legal! E esse teu está limpando melhor que as outras marcas que eu usava. Parabéns pela qualidade.", eles diziam – e esse retorno me motivava bastante.

Essa motivação era como um combustível para vencer cada um dos desafios que me surgiam pela frente, e devo lembrar que não eram poucos, nem pequenos. Lembro-me de que um dos grandes que enfrentei na época foi lidar com a concorrência de uma rede que havia chegado de São Paulo, apresentando produtos de boa qualidade para limpeza automotiva. Como já era uma empresa grande e eu ainda estava começando a crescer, não foi fácil fazer frente a essa concorrente, mas ao mesmo tempo não me senti intimidado e sim desafiado. Essa e tantas outras provas só me ajudaram a avançar mais, reformulei minhas estratégias e me reinventei para superar esse obstáculo. É difícil explicar exatamente como foi possível, mas segui trabalhando com ainda mais afinco, em verdadeiras "maratonas" de 18 a 20 horas diárias.

A fórmula do empreendedorismo

Hoje, entendo que só não surtei ou cedi ao desgaste físico e psicológico porque talvez não percebesse realmente o quanto estava trabalhando. Era como se eu estivesse viciado em trabalho e, quando me dei conta dessa realidade, já não era tão fácil montar um cenário mais saudável para a minha gestão.

Tudo teria de ser feito em um processo de descentralização e, apesar de todo o trabalho que a renovação na gestão me daria, compreendi após uma longa reflexão que somente por meio dele conseguiria me livrar de um surto, que parecia inevitável se eu seguisse nesse ritmo frenético.

Contratar para crescer mais

Apesar da minha resistência em contratar funcionários, cheguei a um ponto de desgaste tão grande que tive de me render à ideia de que, para continuar crescendo, precisava começar a montar a minha equipe. Hoje, entendo que parte de todo aquele cansaço se dava ao fato de não confiar em ninguém, e poderia ter sido evitado se me arriscasse a mudar um pouco essa visão.

A verdade é que me vi em um momento tão complicado que falei: "Não tenho outra saída, porque se não contratar alguém, não conseguirei produzir de uma forma que atenda a esse crescimento. Se não contratar alguém, vou adoecer!".

Mesmo que nessa época já contasse com a ajuda da Milena, a demanda sobre a empresa ainda estava nos sobrecarregando. Eu fabricava os produtos, fazia as entregas, visitava novos clientes, voltava para estudar mais e aprimorar as fórmulas. Enquanto isso, Milena atendia aos pedidos – que já eram muitos – embalava os produtos e cuidava da parte financeira. Contratando um funcionário, já poderíamos tirar um pouco as mãos do operacional e teríamos mais tempo para organizar melhor a visão estratégica do negócio. Por isso, contratamos inicialmente um funcionário para ajudar na produção, enquanto eu fazia as entregas e estudava. Mas nem tudo foi tão simples e a verdade é que, quando um empreen-

Capítulo 3 | Conhecimento formal e informal

dedor contrata seus primeiros funcionários, não somente o contratado aprende, mas também o contratante.

No meu caso, eu não tinha muita experiência em gestão de pessoas e, como estava sempre em contato com esse rapaz responsável pela produção, tive muitos conflitos com ele. Minha insatisfação se devia ao fato de ele não gerar o resultado que eu queria, mas, por outro lado, eu não conseguia deixar claro quais eram os procedimentos que ele devia adotar para alcançar os objetivos das áreas que ele estava assumindo.

Era como se dissesse a ele o destino, mas não sugerisse uma rota. Obviamente, ele estava entrando na empresa naquele momento e eu já estava ali desde o início. Não poderia exigir que ele soubesse tudo sobre o negócio. Porém, com o tempo, fui amadurecendo a minha gestão, afinando a minha relação com esse funcionário e me tornando mais seguro para atender à necessidade já evidente de aumentar nossa equipe. Contratamos mais uma pessoa para dar apoio à Milena no administrativo e, na terceira tacada, precisamos contratar mais três funcionários de uma vez, pois nosso crescimento havia sido tão significativo que já exigia um apoio desse porte.

Quanto mais contratávamos, mais víamos a empresa crescendo e novamente demandando a contratação de mais pessoas. De fato, entramos em um ciclo de crescimento muito satisfatório.

Ensino formal vs. informal

Assim que contratei o primeiro vendedor e investi na compra de um carro para as entregas, já senti que poderia respirar mais aliviado. Finalmente podia delegar algumas funções a ele e minhas entregas seriam feitas com mais agilidade. Sendo assim, conseguiria até me envolver em outras atividades que teriam importância estratégica para o meu negócio.

Mantinha o desejo de continuar aprendendo sobre Química para que esse conhecimento me servisse nas pesquisas e experimentos ao fabricar os produtos, mas, apesar da contratação desse funcionário

A fórmula do empreendedorismo

tornar meus horários um pouco mais flexíveis, ainda assim não era o suficiente para me dedicar a uma faculdade que exigia cerca de 10 horas do meu dia. O meu tempo continuava relativamente escasso e eu precisava otimizar esse aprendizado. Por isso, optei por fazer um curso técnico de Química Industrial, que demandava menos horas de dedicação diária, permitia-me aproveitar várias das matérias já cursadas na faculdade, era mais focado na prática e poderia concluir em menos tempo.

Senti que essa fase foi mais tranquila e proveitosa para mim com relação aos estudos, principalmente porque a grande sacada do meu negócio envolvia – e ainda envolve – muitas questões que não são vistas na faculdade. O negócio crescia em uma velocidade tão grande que estava em descompasso com o ritmo da universidade.

Eu precisava de inovações mais práticas urgentemente e, apesar de não dispensar a teoria, creio que esta poderia ser um pouco mais objetiva para agilizar o processo e a chegada ao objetivo final das minhas pesquisas.

Comecei a criar novas tecnologias para a limpeza automotiva e essa iniciativa me levou a ser destaque no mercado.

Sendo bem sincero, quando se fala em empreendedorismo atualmente, vejo que a educação informal tem se tornado tão importante – e, em alguns contextos, até mais – quanto à formal, porque o empreender envolve a diferenciação e a exclusividade, algo que o empresário vai ter que fazer diferente; e a formação desse diferencial exige uma velocidade que o meio acadêmico ainda não tem. Muitas vezes, as formalidades – apesar de importantes em muitos momentos – em tantas outras situações acabam atrasando todo o processo.

O que caracteriza o espírito empreendedor é justamente buscar fatores que ninguém está percebendo que existem, é o sair da forma, criar algo novo, estar atento às novas necessidades do cliente ou àquelas que, mesmo sendo antigas, ainda não foram atendidas.

Capítulo 3 | Conhecimento formal e informal

Outro ponto que me leva a pensar sobre essa relação é que, na educação formal, você escolhe o curso e vai "beber a água que o professor te der". Já na informal, você escolhe o que julga mais interessante para aprender. Obviamente, o conhecimento vindo dos professores é muito válido em diversos contextos. Mas, no meu caso, não foi na faculdade que aprendi a fabricar os meus produtos específicos, foi com pesquisas e experimentos no meu "laboratório" improvisado.

Sei bem que é importante estudar a base do conhecimento, mas preferi não me limitar à faculdade e ir para outro campo. Além das orientações dos professores e de entender como é o mercado, fui estudar várias linhas de pensamento, para então descobrir como poderia criar a minha forma de trabalhar.

Logo, eu analiso como eles pensam e fazem, tiro minhas conclusões e monto os meus próprios processos. Essa busca por conta própria me permitiu "beber da água" de outros estudiosos – além daqueles apresentados na universidade – e até mesmo deixar as minhas pesquisas bem mais focadas em atender às minhas necessidades. Fiz pesquisas sobre patentes de produtos, formações, insumos, matérias-primas, conservantes e uma série de tópicos que não conseguiria encontrar em uma sala de aula.

Enquanto diversos jovens concluem seus cursos superiores ainda um tanto perdidos quanto ao mercado de trabalho, eu fiz um caminho inverso. Senti-me desestimulado quanto ao ensino superior justamente porque já havia me encontrado no mercado de trabalho e percebia que o que eu precisava não estava na universidade.

Hoje entendo o quanto esse caminho foi proveitoso para mim, pois tive a chance de escolher o que podia aprender, de escolher meus caminhos e seguir com a estratégia correta. Recentemente, com meu negócio já bem consolidado, senti necessidade de estudar mais sobre pessoas e perfis comportamentais, com o objetivo de aprimorar ainda mais a minha gestão na empresa.

É bem verdade que esse conteúdo não tem nada a ver com Química, mas ainda sim envolve uma ciência. Meu negócio não envolve

A fórmula do empreendedorismo

mais apenas pesquisas, experimentos e a qualidade dos meus produtos, ele abarca também o engajamento da minha equipe e a boa convivência no ambiente de trabalho.

Sendo assim, fiz diversos cursos – bem objetivos – nessa área, e os resultados foram ótimos. Creio que alcancei essa boa relação de custo/benefício porque busquei opções que tinham boa base teórica, mas também eram mais focadas na prática. Por isso, considero que a grande sacada de fazer esse caminho inverso é poder buscar estudar exatamente aquilo que é estratégico para o seu negócio.

Sei que, se estiver dentro da faculdade, vou aprender muitas coisas que podem melhorar a minha empresa, eu tenho certeza disso, mas ainda acredito que não vou conseguir extrair todo aquele conteúdo de uma maneira 100% focada e objetiva para que o meu negócio cresça da maneira mais rápida possível! Minha empresa exige estratégias únicas e exclusivas que não vou ver na faculdade. Infelizmente essa questão ainda é uma realidade.

Ligando os pontos

Apesar de haver diferenças entre as propostas da educação formal e informal – e de também haver uma inclinação pessoal minha para uma delas – não posso desconsiderar o fato de que elas podem ser complementares. Quando essa ligação de pontos ocorre, ela é ainda melhor para o empreendedor, porque ele tem a possibilidade de usufruir do que cada uma das propostas tem de bom para oferecer.

Quando me dediquei à educação formal (faculdade), percebi que muito daquele conhecimento teórico não se aplicaria ao meu negócio, mas também vi que vários outros conhecimentos me seriam úteis. Então, visualizei os pontos que já sabia que me serviriam e conectei à realidade da minha empresa. Exemplo disso é que aproveitei bastante as matérias de Química Analítica 1 e 2 para as minhas produções. Cálculo 1 e 2 também me foram bem úteis; já Cálculo 3 não me serviu, mas, se quisesse obter o diploma, teria de cursar esse módulo. Por isso, avancei por conta própria, fazendo as minhas próprias pesquisas e experimentos, totalmente focado em melhorar a

Capítulo 3 | Conhecimento formal e informal

qualidade dos meus produtos, aumentar sua durabilidade e atender às necessidades dos meus clientes. Como o meu negócio envolve inovação, ninguém melhor do que eu mesmo para saber como poderia conduzir e organizar esses conteúdos e processos.

Eu precisei ter a maturidade para fazer essa conexão logo cedo e deixar passar o que não me seria útil, porque senão passaria anos me dedicando àquele curso e acumulando uma bagagem de conhecimento da qual boa parte não me serviria em nada.

Provavelmente, a frustração de muitos recém-formados está no fato de não conseguir fazer essa seleção de conteúdo, dedicar-se a um curso por completo e se chocar com a realidade do mercado de trabalho, que lhes mostra duas verdades bem difíceis de aceitar:

1. **Grande parte do que foi estudado na faculdade não foi ensinado de maneira aplicável e prática.**

2. **Ter um diploma de curso superior pode soar como autoridade no meio acadêmico, mas o mercado quer saber de resultados e não de teorias.**

Muitas pessoas se formam em Química desejando empreender na área e, por não conseguir ter uma visão de mercado e não ver possibilidades de transitar nele, voltam a trabalhar no meio acadêmico, lecionando matérias em uma sala de aula.

Obviamente, a missão de um professor ou professora merece respeito, mas se não é o que esse profissional quer para sua vida, será frustrante. É como se, inconscientemente, esse profissional se sentisse preso ao seu diploma e se visse na "obrigação" de trabalhar nessa área, porque acreditou que lecionar é a única opção para alguém formado em Química. Esse tipo de frustração com o mercado de trabalho ocorre com diversos profissionais de diferentes áreas, pois eles se prendem ao meio acadêmico sem enxergar logo cedo uma conexão entre o que estão aprendendo e o mercado de trabalho.

A fórmula do empreendedorismo

Hoje entendo que essa incapacidade de conectar os pontos não é um mal exclusivo do meio acadêmico, mas sim algo que permeia diversas outras instituições de ensino. Cheguei a ouvir de professores e estudantes que a área de mercado que eu estava escolhendo não era promissora.

"Pode sair dessa área, Paulo. Isso não vai dar em nada, você não vai crescer", eles diziam. O que percebi ao longo do tempo é que eles simplesmente falavam por falta de conhecimento sobre o setor, imaginando que, se ninguém fala sobre o assunto, é porque não é promissor; limitavam-se a seguir apenas o que era ensinado ali.

Alfabetização do empreendedor

Independentemente de você ser adepto da educação formal, da educação informal ou até mesmo alguém que teve e ainda tem a maturidade de fazer uma boa conexão entre as duas propostas e adaptá-las ao seu perfil empreendedor, acredito que existem três fatores importantes que merecem destaque neste quadro, reforçando o que é essencial para a sua relação com o seu negócio.

Gostar do que faz

Se tem algo que mata qualquer espírito empreendedor é trabalhar com algo que não gosta e se forçar a estar ali, seja por acreditar que aquela área é promissora ou porque seu diploma o obriga a permanecer ali. O empreendedorismo envolve muito esforço e dedicação, mas também prazer naquilo que se faz. Quando a pessoa tem paixão pelo trabalho, consegue vencer qualquer desafio da melhor forma possível.

No meu caso, a paixão pela minha profissão foi tanta que me ajudou até mesmo a resistir ao meu próprio descontrole e ao meu

Capítulo 3 | Conhecimento formal e informal

vício no trabalho. Reconheço que não foi uma atitude saudável da minha parte me entregar tanto à empresa naquela época, mas, por outro lado, aquela foi uma boa prova do quanto amo o que faço e não me deixou dúvidas de que estava na área certa e poderia ser o melhor fabricante de produtos de limpeza automotiva do país.

Humilde

Quem me conhece, sabe o quanto a minha autoconfiança é uma das características marcantes em mim e no meu perfil empreendedor. Porém, gosto sempre de deixar claro que ser autoconfiante não implica ser também arrogante.

Sempre acreditei na minha capacidade para chegar ainda mais longe do que cheguei até hoje, mas essa visão não me fez esquecer das minhas origens, das minhas raízes, do lugar de onde eu vim e do valor que tem um empreendedor que, ainda no início, se priva de muitas realizações pessoais e confortos para investir em seu próprio negócio.

Não considero que humildade esteja apenas ligada ao fator financeiro ou a uma postura de autocomiseração, mas sim de consciência sobre a realidade, de entender até onde de fato vai o seu conhecimento, quais são as suas capacidades reais e reconhecer que, no momento, você tem aquele conjunto de ideias, mas também de sonhos.

A pessoa que não confia naquilo que faz dificilmente vai ter grandes resultados. Não vai ter coragem de se expor, de falar a verdade, de se posicionar, vai querer ser sempre neutra.

Eu amo Química! Serei básico ou ácido, mas jamais um pH Neutro.

Quando falo sobre posicionamento firme, não me refiro ao fato de ser extremo, mas sim de deixar definida a minha opinião quando for questionado sobre algum assunto. Pode ser que, quando você

A fórmula do empreendedorismo

se posicionar, o chamem de arrogante, mas, se você tiver a consciência tranquila de que a sua opinião tem base sólida, não se preocupe. Os que o criticam estão apenas invejando sua coragem.

Inconformado

Outra prova de que humildade não tem nada a ver com se encontrar preso a uma situação financeira, de conhecimento ou de crescimento é minha crença de que um empreendedor pode – e deve – ser humilde, mas também precisa estar sempre inconformado.

Vale lembrar que esse inconformismo não significa deixar de celebrar as conquistas já alcançadas, ele é uma constante atenção aos questionamentos que devem sempre permear a mente do empreendedor:

1. **O que pode ser melhorado?**
2. **Como posso fazer o meu trabalho com mais agilidade, menos custos e mais qualidade?**
3. **Quais são as novas necessidades do meu cliente (sentidas e não sentidas)?**

Esses questionamentos caracterizam um perfil inconformado do empreendedor e são essenciais para que ele jamais se acomode na poltrona da zona de conforto e esteja sempre em movimento, crescendo, avançando, mesmo que já à frente de seus concorrentes.

Eu não me conformo com uma qualidade mediana, em estar entre as piores empresas, entre as fábricas ruins; não me conformo em não ter alcançado um alto nível de produtividade, em não servir bem ao meu cliente, e por aí vai…

Quando o empreendedor tem o inconformismo na veia, dificilmente é vencido pela concorrência, porque está em constante evolução.

76

Capítulo 3 | Conhecimento formal e informal

Referenciais no empreendedorismo

Já que citei fatores como gostar do que faz e inconformismo para formar um bom perfil empreendedor, quero destacar aqui como um referencial de empreendedorismo o Ronaldo Fenômeno, alguém que admiro por essas duas características.

É incontestável que ele sempre foi apaixonado por futebol e que esse fator o levou a treinar incansavelmente, ser eleito três vezes o melhor jogador do mundo pela FIFA e ainda superar problemas de saúde sérios, como o rompimento do ligamento no joelho. Após o grave incidente, muitos chegaram a dizer que ele jamais voltaria a jogar bola. Mas ele focou em sua recuperação e voltou a jogar, contribuindo fortemente para a vitória da seleção brasileira na Copa do Mundo de 2002.

Após deixar os gramados como jogador, tornou-se um grande empresário do mundo do esporte, abrindo uma agência de marketing para grandes atletas, como o também jogador de futebol Neymar e o lutador de MMA Anderson Silva. Com os contratos milionários que conseguiu ao longo de sua carreira de atleta, ele poderia muito bem se acomodar e apenas desfrutar de sua longa "aposentadoria", mas seu perfil inconformado o levou a acreditar que ainda havia muito a ser feito.

Atualmente, Ronaldo é um empresário que tem a minha admiração, o meu respeito e, sem dúvida, compõe o meu *hall* de referenciais no empreendedorismo.

A fórmula do empreendedorismo

A fórmula do casal empreendedor

Quando eu estava no ensino médio, já comecei nesse processo de trabalhar com o Paulo e me dediquei à empresa ainda nos tempos de colégio. Sendo assim, na época de prestar vestibular, já estava totalmente imersa nas atividades e demandas do negócio e acabei não ingressando em um curso superior.

Em vez de optar por iniciar uma carreira acadêmica naquele momento, busquei cursos na área de autoconhecimento, de liderança e de gestão, que sempre me chamaram mais a atenção e também atendiam às necessidades das funções que eu exercia dentro da empresa nos setores administrativos e de gestão.

Sempre gostei muito de lidar com gente e esses cursos me ajudaram bastante a desenvolver a gestão de uma forma objetiva, focada e com um ótimo aproveitamento.

Hoje já entendo que não nasci para empreender, mas sim para ser gestora dentro de uma empresa. Ao longo do tempo, fui percebendo que mesmo lidando bem com o operacional, o que sempre me brilhou os olhos estava para além dos processos em si. Minha paixão sempre esteve na formação, organização e gestão das equipes. Dessa forma, fui montando os times de compras, de vendas, do financeiro, do RH, entre outros setores da empresa, e defini as regras gerais e internas de cada setor.

Posteriormente, acreditando que era o momento de iniciar um curso superior, comecei a cursar a faculdade de Administração, mas não precisei de muito tempo para perceber que não era aquilo que eu queria para a minha vida. Não queria estudar sobre os fundamentos sociais da administração e outros temas que não agregariam em nada à minha profissão. Então, tranquei a faculdade e fiz o curso Alta Performance nos Negócios, do Marcos

Capítulo 3 | Conhecimento formal e informal

Freitas. Já nos primeiros dias de curso, percebi que o investimento valeu a pena, porque o que eu aprendia nas aulas já conseguia aplicar em seguida na empresa.

Logo depois do curso com o Marcos Freitas, senti a necessidade de ter mais conteúdo para potencializar a minha gestão. Então, fiz cursos de *coach*, líder *coach* e *master coach*. Até hoje não tem um dia em que não separe no mínimo 30 minutos para estudar algum material, porque estou sempre me dedicando à leitura de um novo livro ou matriculada em um novo curso.

Se tivesse continuado na faculdade, meu dia a dia seria mais estudar para provas do que colocar os ensinamentos em prática. Eu precisava de algo mais prático e menos teórico. Não desmereço aqueles que buscam uma formação acadêmica para empreender, mas também apoio aqueles que optam por cursos mais práticos no lugar de um curso superior.

Sei que, às vezes, ter um diploma conta como algo de peso para a sociedade, que questiona o profissional: "O que você faz? Qual é a tua formação? Qual é o teu diploma?". Hoje já não me intimido mais e respondo com convicção: "Meu diploma é a Vonixx e tudo o que houver de cursos que puderem agregar ao meu trabalho nessa empresa".

Não me interessa passar cinco ou seis anos em uma faculdade para sair de lá com um diploma. Só o diploma não me interessa. Eu quero prática, vivência, e tudo o que tenho vivido como gestora da Vonixx tem significado grandes realizações para a minha carreira.

Milena Mota Maia Nobre

PARTE 2
AS DESCOBERTAS PARA VENCER

Capítulo 4

GERIR EMPRESA SOZINHO É DESAFIO, JUNTO É MOTIVACIONAL

Gestão de empresa e família, quando empreendedores se encontram e entram em fusão para vencerem.

"Empreender só faz sentido se for para viver e usufruir o melhor com a sua família. Se te afasta ou te tornas indiferente a ela, então não faz sentido ter sucesso no negócio e fracassar em seu lar."

Andrelina Lima
(analista comportamental)

Capítulo 4

té já revelei anteriormente que Milena trabalhou comigo desde o início da minha empresa e que sua participação foi muito importante desde sempre – como ainda é indispensável para a gestão do negócio –, mas ainda não contei sobre o início de nosso relacionamento. Por isso, separei este capítulo para compartilhar a nossa história.

Quando estava com cerca de 20 anos, costumava jogar vôlei com meus amigos em uma quadra do meu bairro e, sempre que ia jogar, passava em frente à casa de uma garota que achava muito bonita... era Milena. Tratei logo de conseguir o número de telefone da garota para conversarmos, descobri que tínhamos uma amiga em comum e foi assim que consegui o primeiro contato. "Ei, Michele. Consegue para mim o telefone da Milena, porque quero conversar com ela", eu pedi.

Em tempos que as mensagens via telefone celular não eram trocadas com tanta facilidade como hoje, e ter um celular ainda não era tão acessível, a melhor opção que tinha era usar o telefone fixo da minha casa para ligar para o telefone fixo da casa dela.

Em pouco tempo ao telefone, já gostei muito da conversa dela – apesar de ainda ser uma adolescente – e ela também gostou da minha aproximação. Sendo assim, marcamos um primeiro encontro e começamos a ficar.

Eu tinha a preocupação de que seus pais não concordariam com o nosso namoro, mas Milena tentou me tranquilizar. "Meus pais disseram que na hora que quisesse namorar eu avisasse, e dava tudo certo", ela disse. Bem, se eles eram compreensivos assim, então por que não assumir o relacionamento para a família dela? Mas a situação não era tão tranquila como ela havia me dito.

Marcamos um dia para que eu fosse à casa dela conversar com seus pais. No dia marcado, cheguei pontualmente às 19h30, como combinado, sentei-me na cadeira de plástico na calçada, uma do lado da outra – distante da Milena, sem nem mesmo tocar sua mão – e ali ficamos conversando, apenas como dois bons amigos.

Quando já era por volta de 21h, seu pai chegou, viu-nos nas cadeiras de plástico na calçada e foi diretamente à cozinha. "Quem é esse cara que está com as pernas em cima da Milena?", perguntou à mãe dela, já com o ciúme nítido em sua fala.

Lembro-me de que naquela primeira noite não houve possibilidade de conversa com o pai. Ele pediu que Milena fosse para o quarto dela e a minha única opção foi sair dali sem nem mesmo me apresentar a ele. Quando Milena viu que seu pai não estava muito disposto a conversar comigo, questionou sobre o que ela deveria fazer.

— Mas pai, o senhor me disse que, quando eu quisesse namorar, era só avisar a vocês. Agora que avisei, o senhor não quer conversar

A fórmula do empreendedorismo

com o Paulo. O que o senhor quer que eu faça? Quer que ele venha para cá outra vez e peça? Quer que continue com esse namoro? Quer que eu pare? – ela perguntou.

— Não, você não tem idade para namorar – ele respondeu.

— Mas eu gosto dele. Então a gente vai namorar escondido mesmo – disse Milena.

No dia seguinte, quando liguei para falar com Milena, ela me deu a notícia. Eu estava até disposto a conversar novamente com o pai dela, mas ela insistiu que não teria nenhum resultado. Então, seguimos namorando "escondido". Jogo essas aspas porque o nosso relacionamento não era segredo para os pais dela, mas sim os nossos encontros, que eram marcados na tentativa de driblar a atenção deles, de modo que a Milena estava disposta até a matar aula para nos encontrarmos. Assim, começamos a nos encontrar escondidos dos pais dela e, para driblar a atenção deles em tempos em que não havia aplicativos de mensagens e *smartphones* à mão, tivemos de contar com a cumplicidade de amigos e vizinhos que ajudavam nos encontros às escondidas. Muitas vezes, o esquema se desenvolvia com a troca de mensagens feita pelos nossos cúmplices.

Era dona Socorro – a vizinha do outro lado da rua – que aceitava que ligasse usando seu nome como pretexto para falar com Milena, como se fosse um homem que apenas precisava passar um recado para a vizinha. Zeca, por sua vez, era vizinho da Milena e meu amigo, e sempre dava um jeito de levar um recado meu para ela, e assim era entre vários outros amigos, que apoiavam nosso namoro e nos acobertavam dos pais dela.

É óbvio que fomos descobertos em muitas dessas tentativas e Milena acabou levando um castigo de seu pai, mas ela parecia ver tudo isso como um mero detalhe diante da vontade de continuar nosso namoro. Realmente, a nossa convicção de continuar juntos só crescia, bem como a nossa empresa, a Quimiflex, que mesmo ainda bem jovem já dava seus sinais de que seria muito promissora.

Capítulo 4 | Gerir empresa sozinho

Prontamente decididos

Apesar de sermos jovens, já estávamos bem decididos sobre o que queríamos para nossas vidas. Nossos planos incluíam casamento e também crescimento profissional, tanto no empreendedorismo da minha parte, como na carreira que ela ainda estava por escolher. Essa visão bem focada sobre nossos planos nos levou a não perder muito tempo no período de namoro, e não demoramos tanto para nos casarmos. Apesar de relativamente curto, esse tempo foi marcado intensamente pela nossa vontade de estar juntos e também pelo trabalho.

Milena resistiu muito a aceitar a proposta de trabalhar na empresa que eu estava começando. Afinal, tínhamos o plano de nos casar e ela sempre teve a mentalidade de que "trabalhar com o marido não dá certo". Logo, em sua opinião, permanecer na Quimiflex comigo não era uma boa ideia. Além disso, eu não tinha condições de lhe pagar um salário e ela estava decidida a buscar sua independência financeira. Mas a minha insistência foi tanta que ela acabou aceitando, com a condição de que seria apenas nesse início e que, quando surgisse outra oportunidade de emprego, ela sairia do negócio.

A verdade é que, mesmo sendo a proposta de um trabalho temporário, não remunerado e inicialmente "despretensioso", a atuação de Milena no meu negócio foi tão dedicada, com tanto empenho, que se tornou essencial para a empresa. Como eu ainda estava nos meus tempos de faculdade, fabricava os produtos à noite, Milena os embalava e eu saía para a aula de manhã, já aproveitando para fazer algumas entregas pelo caminho. Depois, ainda chegava ao curso com alguns produtos, porque visitaria outros clientes também na volta para casa.

Enquanto estava fora, Milena continuava embalando alguns produtos que ficaram no "laboratório" que improvisei inicialmente na casa dos meus pais, lavando embalagens de plástico para reutilizar, atendendo telefonemas com novos pedidos e fazendo a organização do negócio.

A fórmula do empreendedorismo

Apesar do cansaço que eu e Milena sentíamos por tentar sempre nos dividir entre trabalho, estudos e relacionamento, esforçávamo-nos também para manter o bom humor no contexto que desde cedo já tratávamos como nosso ambiente corporativo.

Minha chegada da faculdade era logo após o horário do almoço e já vinha acompanhada da famosa pergunta bem-humorada:

— E aí, recebemos alguma encomenda de mil litros hoje?

— Ainda não, mas vai já chegar – ria Milena.

Na parte da tarde, deixava Milena na escola e voltava para fabricar os produtos, que ela mesma iria embalar na volta da aula e na manhã seguinte. O ritmo de toda essa rotina era bem intenso e, de vez em quando, eu ou ela acabávamos matando aula para ter um tempo para nós. Mas o foco era fazer tudo certo, andar na linha, pensando no nosso futuro.

Um presente especial

A situação de nosso namoro seguia difícil. Milena e eu acabávamos matando aula muitas vezes para nos encontrar sem que fosse por razões de trabalho. E, apesar de planejarmos nossos encontros encobertos por nossos cúmplices, várias vezes o pai de Milena descobria o que estava acontecendo e a disciplinava. Mas essas broncas não eram motivo suficiente para nos desanimar ou nos levar a desistir de ficarmos juntos.

— Eu vou lhe castigar até você aprender – dizia o pai dela.

— E eu só vou aprender no dia que o senhor permitir o nosso namoro – ela respondia.

Todo mês ocorriam essas discussões, que eu acabava sabendo porque ela me contava, e alimentavam as esperanças de que um dia tudo se resolveria. Até que, quando fizemos um ano de namoro às escondidas, já era quase impossível manter esse relacionamento encoberto. A época coincidiu com as festas de fim de ano e, du-

Capítulo 4 | Gerir empresa sozinho

rante a comemoração do Natal na casa de um tio, Milena ouviu um comentário de seu pai e viu ali a oportunidade de solucionar o problema que estava atrapalhando o nosso namoro.

— Minha filha, eu ainda não consegui te dar nada de presente de Natal. O que você vai querer? – perguntou.

— Você quer me dar um presente? Então libere meu namoro com Paulo. O senhor pode ficar tranquilo que a gente vai se encontrar na nossa casa mesmo e não mais escondido – ela respondeu.

— Está certo, você me venceu. Eu permito o namoro de vocês, mas tem que ser desse jeito. Vocês se encontrando na nossa casa. Nada mais de sair escondido.

— Obrigado, pai – disse Milena, já correndo para me ligar e dar a boa notícia.

Já era quase meia-noite quando ela me ligou, contou-me sobre a conversa com seu pai e me pediu que fosse até a casa do tio dela. Não pensei duas vezes e fui correndo para lá. Não sei se pelos sentimentos que o Natal traz aos corações das pessoas ou se pelo fato de meu sogro estar mais compreensivo, aceitando que estávamos mesmo decididos a ficarmos juntos, mas o clima daquele dia era bem diferente da primeira ocasião em que tentei conversar com ele sobre meu relacionamento com sua filha (e acabei não conseguindo).

Aquela noite foi registrada com fotos e para nós, como casal, foi bem mais que uma celebração de Natal em família. Foi também a noite em que passamos a contar com o apoio da família dela. Mesmo que já contássemos com o apoio de meus pais, ter também a permissão dos pais de Milena tornava as coisas um pouco melhores.

Melhor, mas não tão fácil

Após a liberação dada pelo meu sogro, o meu namoro com Milena se estendeu por mais dois anos e, apesar de as coisas terem melhorado um pouco, ainda tínhamos diversas limitações que dificultavam nossos encontros. O combinado dela com o pai tinha de

89

A fórmula do empreendedorismo

ser seguido à risca. "Vão sair? Não! Se quiserem se encontrar é aqui em casa", ele dizia, abrindo ainda uma pequena exceção: "se forem para a casa do Paulo, tem que levar o seu irmão junto com vocês".

Nossa sorte é que, tanto o irmão quanto a irmã de Milena sempre apoiaram o nosso namoro. Então, por mais que tivéssemos que levar qualquer um deles conosco, sabíamos que não os teríamos como nossos "vigias". Assim, fomos trabalhando juntos, mas também tentando aproveitar um pouco de tempo de qualidade entre um final de semana e outro, contando sempre com a cumplicidade de alguns de nossos amigos e parentes. Até que com cerca de dois anos e 10 meses de namoro, os pais de Milena acabaram descobrindo que eu e ela já havíamos avançado nas intimidades.

Em uma manhã, sua mãe já a acordou avisando que aquele dia exigiria bastante calma. "Milena, acorda. Eu e seu pai já estamos sabendo de tudo. Queremos conversar com você", ela disse. Quando chegou à sala, seu pai foi direto ao assunto: "Já estou sabendo de tudo. Pois então, agora vocês vão se casar", disse ele, como que buscando evitar mais desgastes e discussões.

Logo em seguida, Milena me ligou, explicando que os pais dela haviam descoberto o que ainda estava mantido em segredo sobre nós; e a minha reação totalmente focada no avanço e na solução. "Não tem problema, que horas que vou para sua casa pedir a sua mão em casamento?", perguntei.

Assim que combinei o horário com ela e desliguei o telefone, já contei aos meus pais sobre a situação. Eles já sabiam de tudo sobre meu namoro com Milena. A novidade é que agora eles iriam me acompanhar nesse pedido de casamento, que se adiantou. Então, à noite, chegamos – eu e meus pais – à casa dos pais de Milena e tudo correu até melhor do que eu esperava.

De qualquer forma, o casamento sempre esteve em nossos planos, mas, até então, falávamos sobre esse assunto como algo ainda distante. "Vamos juntar mais dinheiro para casar e conseguir pagar as contas com mais calma", pensávamos. Por outro lado, a ordem do

Capítulo 4 | Gerir empresa sozinho

pai de Milena não foi também motivo para desespero, porque eu já estava bastante envolvido no meu trabalho, conquistando os meus pequenos avanços e focado em realizar nossos planos. A diferença é que agora poderia contar com a minha grande parceira no negócio por mais tempo junto a mim, porque estaríamos casados.

Fiz oficialmente o pedido de casamento aos pais de Milena e a reação positiva do meu sogro me surpreendeu. Na verdade, se soubesse que ele reagiria bem ao nosso noivado, teria feito o pedido antes.

Unindo forças

Quando afirmo que a antecipação do nosso casamento não foi motivo de desespero, também não estou me referindo a esta época como um tempo em que estávamos muito bem financeiramente. Na verdade, o momento era de muita economia nos gastos pessoais, visando sempre ao crescimento do nosso pequeno negócio. Por esse motivo, assim que noivei com Milena, alinhamos as expectativas. "Agora que antecipamos o casamento, vamos ter que trabalhar mais, porque as nossas despesas vão aumentar", comentei com ela. Milena concordou com o meu pensamento e aceitou viver esse tempo de verdadeira recessão comigo para multiplicar o dinheiro do nosso negócio.

Assim que anunciamos o noivado, nossas famílias iniciaram o que parecia um verdadeiro mutirão para nos ajudar com o casamento. Organizaram um chá de panela, deram-nos jogos de pratos, copos e talheres e, apenas um mês após o nosso noivado, casamo-nos em uma cerimônia simples, sem muitos gastos. Em nossa vida de casados, fomos bem disciplinados com as finanças e conseguimos viver com o mínimo possível.

Meus pais sempre apoiaram muito o meu namoro – e a partir de então, o meu casamento com Milena – chegando a nos oferecer um quarto nos fundos da casa deles enquanto íamos melhorando a nossa situação financeira, mas recusamos a proposta. Afinal, como já expõe o dito popular, "quem casa, quer casa" e, por mais

A fórmula do empreendedorismo

que meus pais fossem bem compreensivos e nos dessem todo o apoio, não conseguiríamos definir o nosso próprio ritmo de vida como uma nova família ainda vivendo debaixo do mesmo teto que eles. Então, alugamos casa em uma vila, pagando um aluguel de R$ 130 por mês. Na época, eu não tinha toda a quantia para pagar o primeiro mês. Estava com apenas R$ 80, mas consegui R$ 50 emprestados com uma prima, que também nos emprestou o carro para viajarmos na nossa lua de mel.

Quando voltamos, instalamo-nos naquela vila. A casa era simples, mas não nos faltava nada do básico. Tínhamos nosso alimento, pratos e talheres para comer, tínhamos copos para beber, uma geladeira e dormíamos no meu colchão de solteiro, que já usava desde a minha infância e estava bem fino e foi colocado no chão, porque não tínhamos cama.

Apesar de já termos o nosso espaço, o meu "laboratório" ainda ficava na casa dos meus pais, porque na casa que eu e Milena alugamos não cabia mais nada além de nós mesmos, as nossas poucas coisas e o cachorro que havíamos comprado. E como a minha produção continuava crescendo, chegou um momento em que o meu negócio já não cabia mais na casa deles. "Você está tomando a casa, está bagunçando tudo. Não tem mais condições de você continuar trabalhando aqui", disse a minha irmã.

Como a minha nova casa era muito pequena e eu precisava tirar o meu laboratório da casa dos meus pais, surgiu mais uma despesa, que foi o aluguel de um novo local. Essa mudança não foi instantânea, mas também foi importante para mostrar que meu pequeno negócio estava virando uma empresa – estava deixando de ser um negócio de "fundo de quintal" e se tornando realmente uma fábrica de produtos de limpeza automotiva.

Por mais incrível que pareça, apesar das despesas normalmente geradas por essa nova fase, nossa determinação foi tão forte que pudemos ver a empresa crescer 50% mais rápido. Foi impressionante! Creio que uma das razões para esse crescimento foi – entre

Capítulo 4 | Gerir empresa sozinho

outros fatores – exatamente o fato de morarmos juntos e não mais em casas separadas. Não tínhamos mais de dar satisfação sobre encontros aos nossos pais, não tínhamos mais limitação de horário para ficar juntos e esse ponto facilitou bastante a nossa vida.

Quem espera ter dinheiro para se casar pode perder a chance de formar no casamento uma parceria poderosa para crescer financeira e profissionalmente.

Saindo da zona de conforto

Quando a minha irmã me deu o "ultimato" para que retirasse o meu laboratório da casa dos meus pais, confesso que inicialmente me senti desconfortável – e, se existe algo que é um verdadeiro dilema para o empreendedor, é justamente a zona de conforto. No meu caso, apesar de estar bastante focado em acelerar o crescimento do meu negócio, também gostava da ideia de não precisar pagar o aluguel de um estabelecimento para manter o meu local de experimentos e fabricação dos produtos.

Apesar de que é preciso evitar gastos para crescer mais rápido, o próprio crescimento também exige muitos investimentos. Não havia mais como relutar: meu negócio já não cabia mais na casa dos meus pais e precisava sair de lá.

Passei a procurar por casas maiores que aquela onde morávamos na vila, para ter espaço de trabalho sem o gasto de tempo e gasolina com locomoção entre nossa casa e o laboratório. Passei a buscar casas disponíveis para aluguel e encontrei um imóvel em Messejana, com um aluguel de cerca de R$ 600.

Mudei-me para lá com Milena e, a partir de então, o negócio passou a funcionar em nossa própria casa. Confesso que estava preocupado com o aumento dos custos, mas talvez essa preocupação também tenha nos servido de combustível para trabalhar ainda mais, e o resultado veio: resolvemos formalizar nosso negócio e

A fórmula do empreendedorismo

procuramos um contador para abrir o CNPJ, e foi aí que finalmente criamos o nome Quimiflex, que cresceu de uma forma impressionante logo após essa mudança.

Nossa cozinha se tornou meu novo laboratório, contratamos o primeiro funcionário e os avanços eram cada vez mais visíveis. Até mesmo o nosso cachorro – que antes ficava sempre me acompanhando entre a casa dos meus pais e a nossa primeira casa na vila – conseguiu mais espaço na moradia nova, teve filhotes e esses animais passaram a fazer a nossa segurança na nova fase.

Tanto a antecipação do casamento quanto o ultimato que recebi de minha irmã para tirar o meu laboratório da casa dos meus pais podem ter parecido imprevistos com um caráter desafiador naquela época, mas hoje entendo que todas essas coisas aconteceram no momento certo. Eu já tinha o desejo de me casar com Milena e nossa união, em vez de simplesmente nos gerar gastos, fez-nos amadurecer ainda mais como casal e como sócios; a mudança da empresa para um local próprio era inevitável e, sinceramente, não guardo mágoas por ter sido "expulso" da casa dos meus pais. Eu precisava mesmo desse empurrão para continuar crescendo.

O grande conflito do empreendedor é lidar com uma tendência plenamente humana: a de se acomodar em uma zona de conforto. Não posso ser desonesto, afirmando que esse lugar não é agradável. Na verdade, ele é extremamente tentador. Mas, ao mesmo tempo em que ele desvia o foco do dono da empresa e o faz acreditar que "está tudo bem", deixa-o desatento às oportunidades de crescimento ou até mesmo o fecha para trabalhar e criá-las.

O que pode nos tirar desse lugar confortável são exatamente os imprevistos, ultimatos e crises, que muitas vezes exigem de nós um esforço, uma dedicação que nem mesmo nós sabíamos possuir.

Novos desafios podem nos ajudar a crescer porque exigem de nós um novo olhar, um novo conhecimento.

Capítulo 4 | Gerir empresa sozinho

Quando o meu aluguel passou de R$ 130 para R$ 600, a solução mais possível no momento era aumentar a produção e vender mais. Logo, o crescimento aconteceu com mais velocidade porque transformei esse desafio em meta para me motivar. A necessidade bateu à minha porta e eu tive que atender, crescendo.

Família e negócios: trabalhosos, mas gratificantes

A formação da minha própria família começou junto à do meu negócio. Por isso, percebi que, enquanto é importante haver uma separação de ambientes entre a empresa e o lar, existem também muitas semelhanças entre os dois espaços. Afinal, ambos são bem trabalhosos, sem qualquer tipo de manual de instruções e, ainda assim, muito gratificantes.

Tanto em um quanto em outro, os acertos acontecem entre tentativas e erros, o aprendizado ocorre na vivência, à medida que celebramos as conquistas e nos recuperamos dos tropeços.

No fim das contas, não há segredo nem fórmula mágica que leve à formação de uma família perfeita ou a um empreendedorismo sem riscos. Até mesmo o estabelecimento de um equilíbrio entre esses dois cenários é subjetivo e formado pelas descobertas das particularidades de cada família e de cada mente empreendedora.

Quando surgir uma crise – seja ela de origem corporativa, que pode avançar para dentro da família, ou familiar, que pode avançar para dentro da empresa – é preciso que o casal a enfrente, ao invés de tentar negá-la. Se há um problema, trate dele; se há uma dificuldade em determinada área, busque melhorar nesse aspecto.

Não é saudável romantizar e idealizar a relação entre marido e mulher ou sócio e sócia. É preciso aceitar que todo casal tem suas discussões e que sócios também. Chego a afirmar que, se marido e mulher "nunca discutem", há algo de errado. Alguém está se anulando na relação e em algum momento essa bomba pode estourar, de modo que essa explosão irá afetar não somente o lar, como

A fórmula do empreendedorismo

também os negócios. Por isso, a solução está na conscientização de que, ao longo do tempo, ambos podem buscar práticas diárias e sistemas que os ajudem a se comunicar e a conviver melhor nesses dois ambientes principais.

No meu caso, confesso que o meu perfil não é dos mais fáceis de se lidar no dia a dia. Sou bastante inquieto e focado em resultados. Desde o início, foi um desafio para que eu e Milena entrássemos em sintonia e encontrássemos o equilíbrio como casal e sócios. Porém, jamais desistimos e sempre tivemos a certeza de que, com o passar do tempo, teríamos uma comunicação mais clara, um ritmo mais marcado pela sinergia. Hoje, após duas décadas de casamento, posso dizer que estamos indo muito bem e, ainda assim, não deixamos de ter nossas discussões – como cônjuges e como sócios –, pois passei a entender que essas situações também nos ajudam a crescer e melhorar.

Após uma divergência de ideias, sempre nos fazemos uma pergunta com o objetivo de buscar a solução: "O que podemos fazer? Com quem podemos falar para resolver essa questão?". Dessa forma, entendemos que o problema não está especificamente na discussão em si, mas sim no fato de o casal não conseguir tirar um aprendizado dela.

Ao mesmo tempo em que sei que preciso trabalhar meu temperamento explosivo, Milena também pode fazer sua parte, entendendo que há momentos mais adequados que outros para falar sobre determinados assuntos.

Atualmente, minha comunicação com ela já alcançou tanta sintonia que conseguimos nos entender com apenas um olhar ou já compreendemos que, em certos momentos, é preciso esperar os ânimos se acalmarem para falar, porque palavras ditas no calor do momento podem machucar.

Fortalecidos nas diferenças

Se alguém me perguntasse qual é o ponto alto do empreendedorismo como casal, diria que é a união de forças. E esse benefício não

Capítulo 4 | Gerir empresa sozinho

vem perfeito, idealizado e romantizado. Ele surge como um diamante bruto, que muitas vezes não tem seu valor reconhecido, mas, após ser bem lapidado, se revela como algo de preço incalculável.

Vejo que o que desanima muitos casais de trabalharem juntos como empreendedores é a divergência de ideias. Enquanto um olha em uma direção, outro olha em outra, ou os dois até olham na mesma direção, mas pensam em trilhar o caminho em ritmos diferentes, e isso pode causar conflitos. Mas o que muitas vezes parece ser o problema pode ser exatamente o início da solução.

Um dos grandes aprendizados que desenvolvi por empreender com Milena ao meu lado foi justamente lidar com opiniões diferentes das minhas. Quando ainda estávamos no início de nosso casamento, minha tendência era simplesmente descartar as ideias dela. Mas, com o tempo, aprendi que o fato de termos perfis contrários só fortalece a nossa caminhada como casal e como sócios, porque a nossa visão se amplia. Acredito que, se estivesse sozinho ou ainda descartando as ideias dela, não teríamos crescido até as proporções que alcançamos, porque estaria optando por uma gestão míope.

Empreender como casal é contar com uma potência dobrada, porque a visão diferenciada enriquece e a energia de trabalho também aumenta.

Milena sempre gostou de estudar bastante sobre gestão e eu sempre fui bem mais voltado ao lado comercial, de ter contato com o cliente e potencializar as vendas. Mas a verdade é que esses dois setores precisam estar muito bem conectados e com uma comunicação clara. Exemplo disso é que, antes de contratarmos o nosso primeiro vendedor, eu sempre fazia a contabilidade das vendas e do estoque muito "de cabeça", sem manter a atualização das anotações. Quando contratamos o vendedor, imaginei que fazer dessa mesma forma não seria um problema.

A fórmula do empreendedorismo

A questão é que as vendas aumentaram e a desorganização desses dados começou a prejudicar a empresa. Foi então que Milena entendeu que precisávamos fazer uma contagem mais detalhada dos produtos e compará-la com os ganhos após cada dia de entregas. Por exemplo, se o vendedor saísse com 10 ceras e 10 xampus para visitar 10 clientes e voltasse com 2 ceras e 2 xampus, tínhamos que ter o ganho da venda de 8 ceras e 8 xampus.

Inicialmente, essa contabilidade era feita no instinto, porque ainda não tínhamos conhecimento técnico mais específico para isso, nem sistema. Mas, como as vendas aumentaram bastante, era preciso dedicar mais tempo a essa conferência de material e, por essa razão, contratamos uma pessoa para fazer essa contagem diária e auxiliar o administrativo.

Confesso que, mesmo após décadas de caminhada juntos, ainda tenho muito a aprender sobre ouvir e considerar as opiniões das outras pessoas, mas descobri que essa posição de aprendiz me faz muito bem, porque deixa a minha mente sempre aberta a descobrir algo novo. Porém, ainda estou no processo. Algumas vezes, aceito opiniões divergentes com certa facilidade e às vezes ainda reajo com estranheza, mas depois penso com mais calma sobre a proposta e entendo que é válida.

Quando um casal trabalha junto e vive sob o mesmo teto, o contato se torna quase que constante e, ao mesmo tempo que esse fator possibilita muitos conflitos, também possibilita conexões cada vez mais fortes entre os dois. Muitas vezes, a divergência de ideias gera incompatibilidade e discussões, mas o casal também tem mais oportunidades de colocar o diálogo e a cumplicidade em prática.

Reconheço que é um grande desafio não ligarmos simplesmente o "modo automático" e deixá-lo rodar para evitar os conflitos ou, até mesmo, porque somos absorvidos pelo contexto de trabalho e questões rotineiras de família. Mas temos entre nós o compromisso de separar um tempo, como um café da tarde ou um almoço só entre nós dois, para dar uma pausa no dia intenso de trabalho. Hoje entendo que eu e Milena fortalecemos tanto os laços que temos

Capítulo 4 | Gerir empresa sozinho

muita satisfação na companhia um do outro, seja em programações pessoais, em família ou no ambiente corporativo.

Liderança corporativa vs. liderança familiar

Se a liderança no ambiente corporativo já traz seus desafios naturalmente, hoje entendo que a liderança no ambiente familiar é muito mais desafiadora. Na empresa treinamos, ensinamos, delegamos e, caso o colaborador não apresente os resultados esperados dentro de um tempo que determinamos, resolvemos inicialmente com advertências e depois com a demissão. Mas como posso "demitir" meus filhos em casa? As estratégias e ferramentas de liderança no lar não são aprendidas em cursos on-line ou presenciais de gestão, nos quais investimos regularmente.

Liderar uma família exige sinceridade e transparência, porque envolve lidar com pessoas que nos conhecem por completo e não somente no ambiente corporativo. Se eu proibir meus filhos de fazer algo que aponto como um erro, mas eles sabem que costumo cometê-lo, minha liderança será questionada. Por outro lado, tenho muito mais oportunidade de ser exemplo e inspiração para eles, porque sou mais que um gestor ou patrão, sou pai, marido, sou alguém que ajudou a formar essa família e se empenha por ela todos os dias.

O início da minha carreira como empreendedor foi marcado por grandes descobertas e muito aprendizado no mundo corporativo, mas também por bastante desequilíbrio entre trabalho e vida pessoal. A dedicação do dono de uma empresa ao seu negócio é essencial para o crescimento de ambos, mas, se essa entrega for desmedida, tudo pode ser arruinado, porque talvez simplesmente perca o sentido.

Minha entrega quase que total ao trabalho me prejudicou bastante durante um tempo, chegando a gerar sérios problemas em meu casamento. Eu não estava dedicando tempo à minha família nem a mim mesmo, não estava me alimentando corretamente e descontava toda a minha ansiedade e meu estresse na comida. Cheguei a pesar mais de 100 quilos, até que Milena me alertou que, se eu não mudasse, nossa relação acabaria.

A fórmula do empreendedorismo

Foi então que repensei tudo. "Se a minha família é uma grande motivação para fazer o meu negócio crescer, como posso deixar o meu lar desmoronando? Ou pior, se estou à frente deste negócio que é o sustento da minha família, como tudo vai seguir se tiver que ser internado em um hospital ou até mesmo falecer pela minha falta de cuidados com a saúde?".

Atualmente, vejo o quão importante é conciliar esses dois cenários. E o que fiz para atingir esse equilíbrio foi investir na formação de boas equipes – principalmente a equipe de gestores – porque o fato de delegar funções a pessoas capacitadas me permite dedicar o meu tempo a questões mais estratégicas da empresa e também a fazer coisas da minha vida pessoal que podem parecer "simples", mas para mim têm grande valor, como deixar e buscar meus filhos na escola, almoçar com minha família ou tirar um dia de folga com eles.

Se alguém me falasse sobre a importância disso anos atrás, eu reagiria como se estivesse ouvindo um discurso fora da realidade, justamente porque tinha dificuldades de delegar funções e ainda centralizava muito da gestão nas minhas próprias mãos. Hoje me sinto cada vez mais seguro para delegar determinadas funções que entendo que podem ser assumidas por pessoas capacitadas na minha empresa.

Atualmente, temos uma empresa que movimenta muito mais, porém, também contamos com uma ótima equipe de gestores, o que nos possibilita manter o equilíbrio de nossas lideranças entre família e negócios.

Alfabetização do empreendedor

Seria injusto falar do empreendedor apenas considerando sua realidade dentro da empresa. Apesar de serem ambientes diferentes e necessitarem de um certo distanciamento saudável, essa realidade

Capítulo 4 | Gerir empresa sozinho

também não exclui o fato de que vida pessoal e a profissional também se relacionam e exercem influências – positivas ou negativas – uma sobre a outra. Ciente dessa verdade, trago a esse quadro dois elementos muito importantes que acredito terem contribuído com o meu perfil empreendedor: jeito e liderança.

Jeito

Sei bem que, tanto na relação familiar (casamento e filhos) quanto no ambiente corporativo, manter a transparência e a objetividade é essencial. Porém, isso não quer dizer que devemos simplesmente dizer o que pensamos, sem avaliar a forma e o momento em que será dito. Por isso, entendo que um empreendedor precisa prestar atenção no jeito como lida com sua equipe, com seu sócio e também com sua família. Se houver essa atenção especial do casal ao jeito com que a relação se desenvolve, é possível que um extraia o melhor do outro.

Liderança

Já que abordamos a questão da liderança em diferentes cenários, entendo que esse é também um fator importante para a formação do caráter empreendedor. Afinal, saber o momento de contratar, treinar, delegar e também engajar a equipe é fundamental para que não somente os colaboradores aprendam suas funções, mas também o dono da empresa tenha experiências únicas como líder. Dessa forma, o empreendedor também pode organizar o seu tempo e encontrar o equilíbrio entre os diferentes papéis que exerce no seu cotidiano, como profissional, pai/mãe, cônjuge e também no seu círculo de amizades.

Referenciais no empreendedorismo

Por falar em equilíbrio e sabedoria no empreender, atualmente tenho visto como uma referência para mim o empresário Abílio Diniz. Entendo que ele já teve o seu auge de destaque como empreendedor e hoje se mantém como um ícone que marcou a história do empreendedorismo no Brasil. Mas o que o coloca como referência para mim não é somente o fato de ele ter iniciado grandes negócios, é também o de investir em sua qualidade de vida – questão para a qual tenho estado muito mais atento nos últimos anos. Então, ele consegue conciliar bem seus negócios, outras atividades de comunicação (televisão), atividades físicas e tempo de qualidade com sua família. Ele ensina que de nada adianta ter milhões na conta bancária e não viver em paz com a família, não ter bons amigos ou saúde física e mental. Um bom ensinamento para o trabalho e para a vida.

A fórmula do casal empreendedor

Nos primeiros anos de nosso casamento – que também coincidiram em parte com os primeiros anos da nossa empresa – eu e Paulo passamos por muitos momentos que podem ser considerados desafiadores, gratificantes, felizes, mas, principalmente, de muito aprendizado, dentro e fora dos negócios.

Como casal, uma das maiores e mais importantes lições que aprendemos foi a de priorizar a união entre nós. O cuidado entre nós dois de manter acesa a expressão do que sentimos um pelo outro, o cuidado para não deixar faltar tempo de qualidade, respeito, lealdade, empatia, todas essas questões precisam fazer parte do cotidiano do casal, assim como a missão, os valores e princípios devem estar sempre na mente dos líderes da empresa.

Capítulo 4 | Gerir empresa sozinho

Por diversas vezes, conversei com casais amigos que trabalhavam em sociedade, assim como eu e Paulo, e os ouvi contando que se divorciaram. Muitos relatam que a rotina cansativa dos negócios prejudicou o casamento. Bem, esse desgaste não ocorre da noite para o dia, e sim após anos de falta de cuidado.

Penso que esses casais não se separaram simplesmente após uma "crise" no relacionamento, mas sim que essa separação aconteceu aos poucos, em todos os dias que não cuidaram do seu relacionamento, que passaram a falar muito mais sobre o trabalho do que sobre a vida a dois, simplesmente ligaram o modo automático e se acomodaram.

Hoje entendo que não preciso viajar com o Paulo todos os dias e viver sempre sorridente ao seu lado. Mas é importante haver todos os dias uma troca de carinho, uma palavra gentil, uma expressão de companheirismo, de cumplicidade, porque é justamente uma rotina, sem isso que mata o relacionamento, muito mais que uma crise específica.

O futuro do seu casamento e da sua vida em sociedade você vê hoje. Você está cuidando dela hoje? O que você está fazendo por ela hoje?

O dia é hoje!

Milena Mota Maia Nobre

Capítulo 5

AUTOCONHECIMENTO É REVELADOR, CONHECER PARCEIROS E COLABORADORES É INSPIRADOR

Gestão de pessoas, uma experiência diária na rotina do empreendedor facilitada pelo autoconhecimento.

"Quem olha para fora sonha. Quem olha para dentro acorda."

Carl Jung
(psiquiatra e psicoterapeuta suíço)

Capítulo 5

Sempre tive o perfil empreendedor pulsando em mim, ao mesmo tempo que também tinha – e ainda tenho – certas características que colocam o meu crescimento em risco. Enquanto não despertei para a importância de aprender mais sobre essas questões, prejudiquei-me bastante; eu não conhecia bem a mim mesmo.

Quando já estava há cerca de 14 anos à frente da empresa, havia se tornado inevitável reconhecer que alguns elementos do meu perfil prejudicavam muito os negócios e eu simplesmente não entendia o porquê. Eu não sabia por que era explosivo, ambicioso e às vezes até confundia esses fatores com um certo "egoísmo" da minha parte, perguntando-me se realmente estava certo em buscar conquistar tanto do mercado.

Vendo o cenário daquela época com bastante sinceridade, meu nível de autoconhecimento era zero, e o de Milena também. Essa dupla deficiência com relação a conhecer nossas próprias personalidades, nossos perfis, nossas aptidões e pontos a serem trabalhados intensificou bastante os conflitos entre nós dois durante todos esses anos, antes de enfim nos conscientizarmos sobre a relevância do assunto.

Eu não sabia o porquê das minhas características, das minhas reações explosivas ou como poderia trabalhar melhor nossa relação como sócios e como líder com as pessoas dentro da empresa. A

Milena também não sabia como lidar comigo, mesmo que já apresentasse naquela época um perfil mais cauteloso e propenso ao diálogo, em busca da resolução dos conflitos. Essa falta de autoconhecimento nos prejudicava como sócios na empresa e como casal. Hoje, graças à nossa busca de compreensão sobre o assunto, nosso relacionamento melhorou consideravelmente em todas as áreas. A partir do momento que me conheci, passei também a conhecer melhor as pessoas à minha volta, passei a entender sobre perfis e, tendo essa compreensão mais clara, as relações como um todo foram influenciadas positivamente. Passei a me relacionar melhor e até mesmo a contratar colaboradores com mais assertividade.

Quando você conhece melhor a si mesmo, relaciona-se melhor com as pessoas à sua volta, porque se compreende para também compreendê-las.

Em minha busca por autoconhecimento, a primeira descoberta teve relação com minhas próprias crenças limitantes. Como eu não me conhecia, costumava pensar da seguinte forma: "Não gosto de contratar funcionário porque eles só dão trabalho. Meus tios tiveram pessoas contratadas em suas lojas e elas não trabalhavam direito, só roubavam e geravam despesas". Esse era o meu mode-

A fórmula do empreendedorismo

lo mental sobre contratação de colaboradores, coisa que sempre me levou a ter uma visão míope sobre a equipe. Essa crença me limitava, pois, se eu queria crescer, precisava produzir mais. Para produzir mais, precisava de mais pessoas. Mas um modelo mental antiquado me fazia acreditar que conseguiria continuar acumulando muitas funções, contratando poucos funcionários – ou se possível, nenhum. E assim, o crescimento era sempre prejudicado por essa crença limitante.

Apenas depois que comecei a me conhecer melhor foi que vi que realmente precisava contratar pessoas para a minha empresa e que havia formas mais assertivas de fazer essas contratações, colocando no negócio colaboradores com o perfil bem mais voltado às funções que atendiam às nossas demandas.

À medida que fui quebrando as crenças limitantes, passei a enxergar outras realidades, bem diferentes daquelas experiências negativas que tive no passado. Conheci ótimos *cases* de gestão empresarial, como os de Jorge Paulo Lemann e Ivens Dias Branco, que empregam mais de 10 mil funcionários em suas empresas. Se as contratações fossem somente dores de cabeça, por que esses grandes empreendedores teriam milhares de funcionários em seus negócios?

Creio que o maior ganho que o autoconhecimento me gerou desde o início foi o desenvolvimento de habilidade para lidar com o meu próprio temperamento e o meu perfil mais explosivo, pois a diferença entre a minha forma de lidar com as situações adversas sempre foi gritante com relação à de outras pessoas. E esse jeito impaciente e carente de diálogo me afastava dos meus pais, dos meus irmãos, dos colaboradores e pior parte: afastava-me da Milena.

É claro que não posso afirmar que hoje já tenho pleno autoconhecimento e não preciso mais buscá-lo. Acredito que este será um aprendizado constante em minha vida, pois, a cada nova vivência e cada novo conhecimento adquirido, mais uma peça da

Capítulo 5 | Autoconhecimento é revelador

pessoa em construção que sou está sendo montada. Mas, agora, após décadas de estudos sobre o assunto e a aplicação prática de grande parte do conteúdo adquirido, já posso relatar que me adapto às situações adversas com mais facilidade, relaciono-me melhor com as pessoas à minha volta e vejo a realidade das contratações sob um ponto de vista completamente diferente do que eu tinha antes de me libertar das minhas crenças limitantes. Passei a entender que nem sempre o problema é o funcionário em si, mas a colocação dele em uma função que não condiz com seu perfil comportamental.

Na busca por autoconhecimento, o empreendedor adquire importantes ferramentas para que amadureça seus conceitos sobre gestão de pessoas. Nos cursos e estudos dentro dessa temática, aprendi sobre a psicologia dentro do mundo corporativo, o funcionamento do neocórtex, entre outras questões que fizeram de mim um líder consideravelmente melhor do que antes. Atualmente, arrisco-me a afirmar que, sem essas ferramentas, eu seria hoje um gestor medíocre.

O início da jornada de autoconhecimento

É bem verdade que minha busca por autoconhecimento agregou muito ao meu perfil empreendedor e de liderança corporativa, porém admito que só reconheci a necessidade desse desenvolvimento quando me senti incomodado dentro do meu próprio negócio. Eu percebia que os resultados do nosso operacional não correspondiam ao potencial que sempre percebi na empresa. Afinal, a qualidade dos meus produtos era – e ainda é – evidente, e nós havíamos crescido consideravelmente. Mas, então, o que estava acontecendo?

Foi então que contratamos a empresa de consultoria empresarial Gomes de Matos, que analisou nossa realidade e, primeiramente, diagnosticou que estávamos com sérios problemas de comunicação e relacionamento dentro da equipe de gestão. Os gestores não

A fórmula do empreendedorismo

tinham qualquer afinidade entre si e já alimentavam até mesmo um sentimento de inimizade um pelo outro – e era justamente esse clima carregado que prejudicava nossa empresa.

A consultoria sugeriu que aplicássemos o teste de perfil comportamental (DISC) nos colaboradores. Mas, antes de partirmos para essa etapa, os consultores aplicariam o teste em nós mesmos. Fosse em outros momentos, eu reagiria com muito mais resistência a essa proposta, mas a minha empresa precisava resolver essa questão que prejudicava seu crescimento e, se era preciso usar desse procedimento conosco, dispus-me a tentar, ainda que um pouco desconfiado.

Ao final do teste, os diagnósticos me surpreenderam. "Paulo, você tem um perfil dominante, influente. Tende a ser arrogante, egoísta, mas no final das contas é uma pessoa de resultados. Talvez você seja explosivo com as pessoas; por isso, cuidado! Tente se policiar mais com relação a isso", disse o consultor, após analisar as minhas respostas.

Fiquei impressionado com a precisão daquele consultor ao analisar a mim e a Milena. Ele não nos conhecia e estava nos descrevendo ali, como se soubesse mais sobre cada um de nós do que muitas pessoas do nosso convívio pessoal. Aquele momento foi impactante para mim. Nós havíamos apenas respondido uma série de perguntas e, após analisar as nossas respostas, ele nos descreveu e nos deu orientações importantes de como lidar com o nosso próprio temperamento, já que eu sou mais explosivo e Milena é um pouco mais introspectiva. "Isso tudo parece mágica", pensei.

Os testes também foram aplicados em nossos colaboradores e, com os resultados sobre os perfis de cada um, a empresa de consultoria elaborou um projeto para melhorar a nossa liderança e a de nossos gestores por meio do *team coaching*.

A proposta dessa metodologia é conduzir o desenvolvimento da equipe para que consiga atingir seus objetivos. Os resultados fo-

Capítulo 5 | Autoconhecimento é revelador

ram muito claros já nos primeiros meses. A comunicação entre nossos gestores melhorou consideravelmente e o clima de inimizade foi neutralizado, de maneira que um ambiente mais harmônico se desenvolveu dentro do nosso ambiente corporativo. A partir de então, nossa busca por autoconhecimento passou a ser uma realidade do nosso cotidiano. Eu e Milena começamos a nos aprofundar em vários cursos. Eu, impressionado com a "mágica" dos testes e Milena, por já sentir há mais tempo uma paixão por liderar pessoas e uma necessidade de aprimorar o exercício dessa missão.

Tais cursos nos ajudaram a entender mais sobre como usar as características do nosso próprio perfil para amadurecer o nosso desempenho no empreendedorismo e até mesmo para melhorar o nosso relacionamento como casal. Afinal, aquele consultor havia me alertado sobre o meu lado explosivo, mas também destacou que sou uma pessoa empenhada em alcançar resultados. Sendo assim, não havia razão para desanimar, mas sim para avançar, trabalhando minhas falhas e lapidando as minhas aptidões.

As descobertas do autoconhecimento marcaram uma grande virada de chave na nossa jornada. Creio que, se não fosse por elas, eu e Milena provavelmente nem estaríamos juntos hoje – seja como casal ou como sócios – porque estávamos olhando esses dois cenários de uma forma equivocada. Eu queria que Milena pensasse sob o meu ponto de vista e ela também queria que eu sempre enxergasse tudo com as lentes dela. No final das contas, não prestávamos atenção no quanto deixávamos de crescer por dispensar o diálogo entre opiniões diferentes.

Hoje, após anos de estudo nessa área, tornei-me *master coach* formado por uma instituição canadense, meu relacionamento com Milena se tornou muito mais harmonioso e a nossa gestão da empresa se tornou mais eficiente, a começar pelas contratações, nas quais conseguimos agora ser muito mais assertivos, e também pelo acompanhamento das métricas e resultados.

A fórmula do empreendedorismo

Os desafios da busca por autoconhecimento

Como empreendedor, admito que tenho a tendência – assim como qualquer outro – de contratar apenas pessoas que tenham um perfil semelhante ao meu, por acreditar que, assim, evitarei conflitos. Mas a busca por "identificação" nos perfis comportamentais pode ser enganosa e o autoconhecimento nos permite desenvolver ferramentas que ajudam a driblar esse engano.

Com essas ferramentas, passei a entender que as pessoas que antes eu considerava "lentas", na verdade, podem agregar muito ao meu negócio, por também serem bastante analíticas. Enquanto a tendência natural era que as minhas contratações tivessem um perfil bem limitado ao meu – inquieto e focado em metas e resultados – hoje entendo que preciso ter na minha equipe colaboradores e gestores com a mentalidade diferente da minha, porque são exatamente essas visões que enriquecem nossa experiência empreendedora.

Um bom exemplo de como lidar com essa semelhança de perfis comportamentais pode ser visto no momento da contratação. Obviamente, pessoas com o meu perfil são importantes para a empresa, assim como o perfil da Milena também agrega muito ao negócio. Porém, é preciso identificar em qual área cada um deles se encaixa melhor.

O meu estilo – mais expansivo e comunicativo – pode ser de grande utilidade no setor comercial da empresa, por exemplo, mas possivelmente prejudicial se for colocado no setor financeiro. Da mesma forma, se contrato uma pessoa bem mais analítica e introspectiva para o setor comercial, as vendas poderão baixar significativamente. A grande verdade é que essa consciência ainda precisa ser mais amadurecida no ambiente corporativo de muitas empresas.

Confesso que abordar esse assunto me lembra do desafio que talvez tenha sido um dos maiores obstáculos que consegui vencer na jornada pelo autoconhecimento: compreender mais sobre o meu próprio perfil e me aceitar da maneira que sou, dispondo-me a lidar

Capítulo 5 | Autoconhecimento é revelador

com minhas falhas, mas também compreendendo que preciso continuar avançando apesar delas, porque também tenho qualidades.

Outro grande desafio que vejo nesta jornada é também tomar a decisão de firmar sua própria identidade, em vez de simplesmente se enquadrar naquilo que as pessoas esperam de nós.

Quando nós entendemos o quão valioso é tudo o que temos para agregar dentro da equipe, toda a nossa visão muda e passamos a provar essa verdade em nossas ações.

Evidentemente, não estou me referindo a esse estabelecimento da identidade e do estilo pessoal como uma desculpa para não melhorar, para não trabalhar as falhas ou para deixar de aparar as arestas, como que em uma "síndrome de Gabriela", como na música de Dorival Caymmi: "Eu nasci assim, eu cresci assim e vou ser sempre assim". A questão é que as melhorias que podemos buscar em nós mesmos não implicam uma mudança de perfil, e sim uma adaptação de nosso perfil para atender com mais eficiência à necessidade do setor no qual nos encaixamos.

É fato que a essência do meu estilo de empreender – que, em parte, foi o que me trouxe até aqui – vem me ajudando, mas não posso fechar a mente e acreditar que nada em mim precisa ser mudado só porque consegui bons resultados.

Eu não posso ser dominante o tempo todo! Em alguns momentos, vou precisar retrair essa característica e contar com o apoio de pessoas com outros perfis.

Suponhamos, por exemplo, que o meu negócio vai comprar uma nova empresa. Precisarei ter ao meu lado uma pessoa mais analítica e considerar bem a opinião dela. Isso não quer dizer que deixar minha dominância em segundo plano por alguns momentos e dar

A fórmula do empreendedorismo

mais espaço às orientações de outras pessoas destruiria a minha essência. Posso muito bem continuar com meu perfil mais "agressivo", mas canalizar toda essa energia para potencializar o nosso avanço como empresa, ao invés de deixar que essa agressividade se dirija às pessoas que trabalham comigo no meu negócio.

Apesar de esse ponto – dentre outros – precisar de atenção na busca pelo autoconhecimento, considero que é possível e cada vez mais gratificante se prontificar a embarcar nessa jornada, porque melhoramos mais a cada descoberta.

A busca não pode parar

Enquanto cresço como empreendedor, continuo visualizando quais novas adaptações podem ser feitas para lidar com esse crescimento e continuar tendo uma *performance* cada vez melhor. Sendo assim, considero que não há um ponto dessa jornada em que posso me acomodar e dizer: "Agora sim, aprendi tudo o que precisava". A verdade é que, quanto mais aprendo, mais descubro que ainda há muito a aprender.

O ser humano é muito complexo e, quando analisamos a mente de um empreendedor, entendemos que ali a criatividade é pulsante a todo momento. Por isso, o autoconhecimento não é algo pontual na vida de quem empreende e, sim, constante.

É justamente a complexidade e riqueza da mente humana que leva o mundo a mudar o tempo todo e em uma velocidade cada vez maior. Então, o aprendizado que eu tive com uma leitura ou um curso meses atrás pode me ser bastante útil, mas se me acomodar e deixar de me atualizar, posso ser engolido pelas novidades que surgirão e os novos desafios que elas trazem consigo.

O autoconhecimento é uma evolução por meio da maturidade. A cada dia que passa, quem está nessa

Capítulo 5 | Autoconhecimento é revelador

jornada se torna mais maduro e mais forte para lidar com novas situações. Uma capacidade de conectar os pontos se desenvolve e, quanto mais se cresce, mais se tem o desejo de crescer.

Após vários cursos concluídos nessa área, hoje considero que me conheço bem melhor do que no início da minha jornada. Porém, todos os dias as coisas acontecem e mudam, e cada uma dessas vivências é um pontinho que surge no gráfico que forma a minha evolução pessoal e profissional. Por isso, entendo que o autoconhecimento também envolve constantes adaptações, em razão das mudanças frequentes que ocorrem em nossa sociedade.

Diante de cada novo desafio, eu penso: "Como posso enfrentar essa situação, usando o conhecimento que já adquiri na minha jornada?" e quando supero o obstáculo, também me pergunto: "O que aprendi com essa adversidade? Quais foram minhas reações a ela? Como posso reagir melhor em ocasiões parecidas com essa?".

A cada vivência, encontro-me com uma nova reflexão e uma oportunidade de aperfeiçoamento das minhas características. É como se, a cada novo desafio, pudesse atualizar as ferramentas de trabalho para conseguir empreender com mais eficácia e seguir crescendo.

Parte dessas reflexões ocorrem, por exemplo, em um tipo de revisitação das minhas memórias – inclusive as da infância – nas quais consigo entender muitas questões sobre a minha personalidade, meu caráter, meus valores e meus conceitos, que influenciam significativamente as minhas reações e pontos de vista em cada situação. Vale lembrar que o objetivo desse acesso às memórias está longe de ser a busca por um diagnóstico engessado sobre mim, para premeditar minha conduta ou até mesmo justificar meus erros. Ele é feito justamente para que, pelo fato de me conhecer melhor, eu consiga lidar com as situações, julgando-me menos e me prevenindo mais dos erros.

A fórmula do empreendedorismo

Felicidade: um resultado do autoconhecimento

Ao longo da minha busca por autoconhecimento, passei a entender que o meu maior motivador nessa jornada é a procura pela felicidade, e encontrá-la é o resultado mais satisfatório de toda essa caminhada. Creio que, independentemente de idade, gênero, religião ou situação financeira, é possível ser feliz, porque esse é um sentimento que – quando verdadeiro – está mais associado a um estado de espírito do que a dinheiro ou tempo de vida.

Hoje entendo melhor o tempo em que, durante a minha adolescência e juventude, meus pais viajavam para o interior do Estado e nos deixavam "sozinhos" em casa para que pudessem passar alguns dias reclusos por lá. "Como pode meu pai querer passar esses dias sem acesso a telefone, sem energia elétrica e longe da vida tão prática na cidade?", eu me questionava.

Apesar de estarem relativamente sem o conforto ou a tecnologia disponível nos ambientes mais urbanizados, na visão deles, aqueles momentos tinham um significado de felicidade. Esse costume deles se manteve até mesmo depois que me casei e atualmente tem o meu total respeito e compreensão. Afinal, felicidade tem rosto e jeito diferentes para cada pessoa.

Se eu os convidasse para visitar qualquer outro país, cobiçado em qualquer roteiro de viagem dos sonhos, eles certamente dispensariam minha proposta.

— Pai, mãe, vamos viajar para Dubai conosco?! – eu poderia perguntar.

— Não, meu filho. Obrigado. Preferimos ir pro nosso interiorzinho mesmo – eles responderiam.

O autoconhecimento nos possibilita uma visão mais ampla sobre o conceito de felicidade e nos leva a descobrir dentro dos nossos próprios conceitos o que é ser feliz. Para que esse significado seja descoberto dentro da minha realidade, ordenei cinco pilares principais da minha vida.

Capítulo 5 | Autoconhecimento é revelador

1. **Deus: eu temo a Deus, que, para mim, está acima de tudo e sem Ele não sou ninguém.**

2. **Saúde: sem ela eu não consigo trabalhar, cuidar da minha família ou manter qualquer nível de vida social.**

3. **Família: a começar pela Milena, meus filhos e se estendendo aos meus pais, irmãos e outros parentes; sem dúvida, estas pessoas estão entre o que há de mais precioso na minha vida.**

4. **Trabalho: é algo que já significou desequilíbrio em minha vida, mas hoje tem total significado de realização e satisfação, de modo que ajuda a construir minha felicidade.**

5. **Busca por conhecimento em geral: creio que nunca vou parar de estudar e isso também me motiva sempre a conhecer novas coisas.**

Atualmente, considero que vivo em um mundo onde um ou mais desses pilares se revelam em 90% do meu tempo, ao longo do meu cotidiano, seja no âmbito corporativo ou pessoal. Exemplo disso é que hoje, logo pela manhã, agradeci a Deus por mais um dia, tomei café da manhã com minha família, vim para o meu trabalho e agora estou me dedicando à escrita deste livro, no qual resgato conhecimentos já adquiridos e busco mais conteúdo para incluir nesta obra. Ainda assim, retomo na mente a agenda que ainda tenho a cumprir e me lembro que preciso ir para a academia, cuidar da minha saúde e voltar para a minha família, pela qual me sinto acolhido todos os dias. Esses pilares são tão presentes no meu cotidiano que não me imagino deixando que qualquer um deles caia em desuso na minha vida. Desde que estabeleci esses pontos essenciais como valores centrais para mim, quando percebo que começo a descuidar de alguma dessas áreas, quando sinto que preciso de mais tempo com a minha família, que estou ganhando mais peso do que deveria, que

A fórmula do empreendedorismo

deixei de ter o meu tempo matinal de meditação e fé, que algo na minha empresa deu errado por falta de atenção, que estou desatualizado em meu conhecimento, sinto-me alarmado e imediatamente retomo o cuidado sobre essa parte afetada.

Meu estado de espírito emite sinais claros quando qualquer um dos valores é esquecido durante o dia e esse "alarme" é essencial para a sustentação da minha felicidade.

Vale lembrar que alguns desses cinco pilares não são necessariamente fixos. Creio que, quando chegar o momento que a minha empresa estiver funcionando bem e crescendo sem a necessidade tão grande da minha presença, poderei trocar trabalho por amizades, por exemplo. A substituição desse pilar não quer dizer que deixarei de dar importância ao trabalho, mas sim que será um momento da minha vida em que terei mais tempo para dar mais atenção aos meus amigos. É justamente em razão do autoconhecimento que desenvolvi ao longo dos anos que estabeleço essas prioridades com muito mais segurança e consciência.

Os pilares precisam dessa consciência em seu estabelecimento e fortalecimento, porque, como o próprio nome já sugere, são responsáveis pela "sustentação" e motivação, com forte efeito sobre o psicológico de qualquer pessoa e, por fim, a descoberta da felicidade. Então, suponhamos que você tenha os seus valores já estabelecidos, bem semelhantes aos meus, e esteja pensando em passar uma temporada de um ano no exterior com o objetivo de estudar. É um importante passo para fortalecer o seu conhecimento e, por consequência, a sua carreira profissional. Porém, não será possível levar sua família e você terá de viver de maneira extremamente limitada financeiramente, economizando com a alimentação e com as condições de sua moradia.

Capítulo 5 | Autoconhecimento é revelador

É bem provável que, para fortalecer dois pilares da sua vida, outros dois – família e saúde – fiquem enfraquecidos. Sendo assim, cabe a você se questionar: "Será que vale a pena ficar longe da minha família e me arriscar a descuidar da saúde para investir em mais conhecimento? Qual é o nível desse curso que farei e quais tipos de oportunidades ele vai me proporcionar?". No fim das contas, essa decisão pode prejudicar a sua felicidade porque vai deixar de fortalecer dois pilares da sua vida... Quando uma edificação depende de cinco pilares, se dois ou mais deles sofrerem corrosão ou qualquer outro tipo de enfraquecimento, a construção pode vir a baixo.

Influências sobre a gestão

Se o autoconhecimento me beneficiou pessoalmente e como empreendedor, é óbvio que também surtiu ótimos resultados sobre mim e Milena como gestores do nosso negócio. O benefício que percebemos mais de imediato foi já sobre as contratações dos nossos colaboradores, como já mencionado.

Após os diagnósticos dos nossos testes e os primeiros cursos que fizemos, passamos a aplicar o conhecimento adquirido no ambiente corporativo e permitir que essa nova mentalidade guiasse as nossas buscas na formação e ampliação das equipes. Passamos a usar nossas novas ferramentas a fim de contratar as pessoas certas para as funções certas e pudemos avançar nesses processos com muito mais assertividade.

Obviamente, não há como ter 100% de certeza em relação aos resultados de nenhum ser humano. Porém, a assertividade nas contratações permitia a prevenção do desgaste desnecessário de tempo e energia que sofríamos antes, contratando pessoas apenas porque nos identificávamos com os perfis delas ou, então, tentando encaixá-las em funções nas quais elas não seriam bem aproveitadas.

Reconheço que as empresas contratam profissionais especializados para formar os seus setores de Gestão de Pessoas, e essa área

A fórmula do empreendedorismo

é realmente indispensável. Porém, é importante também que o próprio dono do negócio tenha conhecimento da área comportamental, porque, inevitavelmente, ele terá de lidar com pessoas em diversas ocasiões. Conhecer os diversos perfis será de grande ajuda para que ele se relacione bem internamente, com os gestores das equipes, ou externamente, com certos clientes e possíveis parceiros/investidores. Além disso, também saberá posicionar cada gestor e colaborador de suas equipes nas funções certas.

Se o setor de compras da empresa opera negociando sob uma pressão por cortes de custos, terá de contar com um gestor com o perfil certo para esse processo, mas também com discernimento para reconhecer uma negociação justa, entendendo quais são as margens possíveis nesse campo. Quando o negócio acerta nessa contratação, os resultados serão muito satisfatórios. Mas, para acertar, não basta ao dono do negócio olhar para o candidato à vaga ou o novo colaborador e pensar: "Esse aí é desenrolado! Vai dar conta do serviço". Esse tipo de análise é rasa e sem base técnica. Exemplo claro da importância de entender sobre a área comportamental é que existe uma diferença gritante entre perfil e competência.

Há pessoas que têm claramente uma inclinação para vendas, apresentam desenvoltura e boa comunicação, mas não têm preparo, talvez por não conhecer direito o produto a ser vendido ou por falta de experiência nas aproximações aos clientes. Esse é um exemplo de quem tem perfil, mas não tem competência. Por outro lado, há pessoas que estudam exaustivamente o produto e as formas de aproximação, ensaiam "*scripts* de vendas", mas simplesmente não têm boa dicção e apresentam até certa dificuldade de organizar as ideias no momento de falar com o cliente. Esse é um exemplo de quem tem competência, mas não tem perfil.

Muitas vezes, o empreendedor contrata um colaborador porque percebe que o candidato é muito estudioso, tem duas faculdades e pós-graduação, mas o coloca em uma função que exige bastante

Capítulo 5 | Autoconhecimento é revelador

conhecimento prático em uma área que a pessoa ainda não vivenciou. Outras vezes, contrata o profissional que já mostrou ter um vasto conhecimento técnico, mas não sabe trabalhar bem em equipe e tem sérias dificuldades de se relacionar com os colegas no ambiente corporativo. Em nenhum desses casos, a expectativa gerada durante a entrevista será correspondida, justamente porque faltou ao dono do negócio conhecimento na área comportamental – e essa responsabilidade não pode ser totalmente transferida ao setor de Gestão de Pessoas (Recursos Humanos), porque quem estabelece o que a empresa precisa naquele determinado momento é o dono.

Alfabetização do empreendedor

Enquanto considero que é importante o empreendedor conhecer bem a si mesmo, continuo destacando alguns pontos que considero essenciais de se desenvolver em seu perfil para que avance em qualidade na sua gestão e no engajamento com as equipes em seu negócio.

Para este quadro, em um capítulo no qual falamos tanto sobre autoconhecimento, quero destacar três importantes fatores no nosso "alfabeto", que são a visualização de metas, capacidade de negociação e sensibilidade às oportunidades.

Meta

Um empreendedor sem metas não passa de um sonhador, que pode até ter boas ideias, mas não consegue realizar nenhuma delas. Não importa se as metas parecem ousadas aos olhos de outrem, são elas que motivam o dono do negócio a pensar em formas

121

A fórmula do empreendedorismo

de fazer sua empresa crescer, desde o momento em que acorda até o momento em que deita sua cabeça no travesseiro. Mesmo assim, as metas não devem ser um ponto de acomodação onde o dono do negócio chega para sentir que conseguiu seu objetivo e agora pode "descansar". Elas devem ressurgir constantemente na jornada do empreendedor. Se uma meta foi alcançada, uma nova deve ser traçada para que o crescimento da empresa continue e para que a equipe se mantenha engajada e motivada.

Quando comecei o meu negócio, tinha como uma das minhas metas atender aos lava-rápidos da minha cidade. Em certo ponto da minha carreira, consegui alcançar esse objetivo, não me acomodei e visualizei novos horizontes para a minha empresa. Caso contrário, se eu aceitasse estacionar na primeira meta cumprida, hoje estaria falido, porque a concorrência teria me vencido.

Negociação

A capacidade de negociar precisa ser aprimorada pelo empreendedor, porque a todo momento ele está negociando compras, vendas, metas, prazos, funções, serviços. E as pessoas com quem ele vai negociar podem estar presentes desde o ambiente interno de sua empresa, como gestores, sócios e colaboradores, ao externo, que são os clientes, fornecedores e parceiros.

Reconheço que nem sempre as negociações são confortáveis para o empreendedor. Muitas vezes, vemo-nos assumindo certos riscos nesses processos, mas a adrenalina faz parte do empreendedorismo e, sem ela, perderíamos boa parte da dinâmica de mercado. É exatamente por causa dessa constante movimentação que o mercado tem o poder de se reerguer após seus momentos de baixa.

Oportunidades

A atenção constante às oportunidades precisa ser uma parte bem desenvolvida do perfil do empreendedor, porque é por meio delas que podemos fazer o negócio dar verdadeiros saltos em seu crescimento.

Capítulo 5 | Autoconhecimento é revelador

Por vezes, essa oportunidade pode estar dentro de uma proposta de parceria, da percepção de uma demanda não atendida, ou até mesmo "disfarçada" de crise. Por essa razão, a sensibilidade no olhar do empreendedor é essencial para que saiba identificar o que é oportunidade e o que é caminho para o fracasso.

Referenciais no empreendedorismo

Sempre que toco no assunto de contratações de novas equipes para continuar crescendo, lembro-me de Luciano Hang como referencial no empreendedorismo. Filho de operários da indústria têxtil em Brusque, ele começou a trabalhar na mesma função dos pais aos 17 anos, mas, aos 21, abriu sua própria tecelagem e, posteriormente, a Havan, junto com um sócio.

Deixando de lado o posicionamento político, boatos, polêmicas e notícias dúbias – que não é o que está em questão neste quadro – fico fascinado com a forma como seu negócio segue avançando e abrindo cada vez mais lojas em todo o Brasil, de modo que esses novos estabelecimentos também incluem a geração de novos empregos.

Numa entrevista ao site ES Brasil, o jornalista perguntou a ele: "Como é a sua relação com os funcionários?" É possível "se fazer presente" em todas essas lojas? E com que frequência mínima visita as filiais? Ele respondeu: "Com certeza, um dos motivos para a Havan ser o sucesso que é hoje é o trabalho comprometido e sério dos nossos 16 mil colaboradores. A Havan não seria a Havan, com todo esse tamanho e 126 lojas em 17 estados brasileiros, se não fossem os colaboradores. Eles desenvolvem papel fundamental no sucesso do empreendimento. Por isso, é necessário mantê-los sempre motivados, satisfeitos com a empresa onde trabalham. A

A fórmula do empreendedorismo

dica que posso dar é que os empresários não subestimem seus colaboradores. Trabalhem sempre em conjunto com eles. Procuro visitar as filiais mensalmente".

Somente uma boa construção de autoconhecimento e o bom engajamento dele com seus gestores poderia possibilitar um crescimento tão bem colocado, gerando um sistema cada vez mais consolidado para fazer as contratações assertivas para cada nova equipe.

A fórmula do casal empreendedor

Quem conhece a mim e ao Paulo sabe bem que nossos perfis são bem diferentes e que, durante bastante tempo, essas diferenças refletiram de modo negativo em nossa empresa. Paulo tinha – e ainda tem – suas tendências a reagir de maneira explosiva às situações, um pensamento acelerado e extremamente focado em resultados, enquanto eu sou mais introspectiva e mais focada em pessoas.

Mas foi exatamente porque acreditamos que havia uma solução que buscamos entender melhor o que estava acontecendo, descobrir o porquê de as divergências de ideias gerarem tantos conflitos e responder como poderíamos melhorar a comunicação entre nós.

Como fui a primeira do casal a pensar no autoconhecimento como solução, já me preparava para entrar nessa busca, inicialmente sozinha – apesar de não estar muito confortável com a ideia – mas hoje vejo que Deus foi tão bom conosco que deu um jeito de colocar o Paulo ao meu lado nessa jornada e percebo o quanto esse fato nos fez bem.

Capítulo 5 | Autoconhecimento é revelador

Mesmo que cada um fosse entendendo as informações ao seu modo, foi exatamente a diferença de visões entre nós que enriqueceu nossa caminhada, porque o autoconhecimento nos ensinou a não descartar, e sim acolher a opinião diferente. Além disso, enquanto Paulo foi aprendendo a controlar seu temperamento explosivo e validar mais o que eu tinha a acrescentar na empresa, fui aprendendo a compreender o pensamento acelerado dele e o quão importante é olhar para os resultados além das pessoas.

O que posso dizer hoje sobre o efeito do autoconhecimento na nossa gestão é que, antes de adquiri-lo, ela era apenas intuitiva, guiada pelo "instinto" empresarial, e hoje temos muito mais segurança para tomarmos decisões.

Se me perguntarem quando estarei satisfeita com a minha carga de autoconhecimento, direi que "nunca", pois, quanto mais descubro sobre mim mesma, percebo que tenho ainda mais a aprender.

Milena Mota Maia Nobre

Capítulo 6

É PRECISO MUDAR PARA CRESCER

Gestão situacional diante de mudanças do cenário interno e externo vem da paixão em empreender.

"Não tenha medo de desistir do bom para perseguir o ótimo."

*John Davison Rockfeller
(magnata de negócios e
filantropo norte-americano)*

Capítulo 6

Sempre que olho para o crescimento que tive como empreendedor e profissional, percebo que esse avanço foi, e continua sendo, exponencial.

Se alguém me perguntasse o que me motivou a seguir, talvez a minha resposta surpreendesse a muitos, mas é a pura verdade: além da vontade de fazer o meu negócio se fortalecer cada vez mais, uma das minhas grandes motivações foi exatamente a descrença de muitas pessoas. Toda vez que ouvia alguém dizer que não conseguiria ocupar o meu espaço no mercado, sentia-me ainda mais desafiado, e o desafio era um dos principais "energéticos" que tomava para seguir em frente.

Evidentemente, essa motivação não se focava apenas no continuar, mas ela me deixava mais atento às adaptações que precisava fazer para seguir crescendo e aumentando cada vez o potencial da minha marca. Um fator essencial para me fazer entender a importância das adaptações era exatamente a ideia fixa de que a derrota era inaceitável.

Certa vez, um primo me perguntou:

— Paulo, quando a sua empresa não estiver mais crescendo ou até mesmo quando estiver em queda, como vai ficar teu psicológico?

— Vou ver o que é preciso fazer, onde preciso me adaptar e mudar, para voltar a crescer. Mas nunca vou me conformar com a queda – respondi.

— Mas e se o mercado cair? O que você vai fazer? – ele insistiu.

— Eu não aceito! Se o mercado cair, não vou cair com ele, vou me fortalecer agora para essa queda não me puxar – expliquei.

O questionamento do meu primo não me desanimou nem me intimidou. Pelo contrário, apenas reforçou em mim algo que já sentia desde o início. A verdade é que também não me aborreci por essa conversa. Senti uma atitude de cuidado da parte dele e vi, no momento, a oportunidade de fortalecer minhas convicções.

Não posso me iludir, acreditando que jamais terei pequenas derrotas em um mês ou outro, mas, ao final do ano, preciso analisar o desempenho e ver que a meta foi batida.

O que me motiva é o sentimento de que a média sempre será positiva, sempre será de avanço. Eu me sinto bem em ver o meu crescimento e não é simplesmente por uma questão de competição diante da concorrência, mas pela minha realização como empreendedor, como profissional, individualmente. Sinto-me satisfeito em mostrar às pessoas que é possível uma empresa cearense desbravar o mundo, mesmo surgindo em um estado desacreditado até tempos atrás.

A fórmula do empreendedorismo

Creio que a minha história pessoal e a da Vonixx em si acabam quebrando paradigmas que muitas pessoas alimentam por conta de cor, religião, orientação sexual, seja lá o que for. Todas essas crenças perdem seu poder limitante inexistente quando estabelecemos na mente a certeza de que podemos crescer, de que temos capacidade para avançar e de nos reerguermos após uma queda.

"Preciso mudar!"

A prova de que a minha abertura às adaptações teve influência direta sobre o meu crescimento está justamente no momento que entendi que deveria reformular alguns pontos estratégicos da identidade da nossa empresa.

Logo no começo, e ainda com o nome de Quimiflex, nossa empresa já se destacava no setor de limpeza automotiva no Ceará e seguiu se fortalecendo cada vez mais até o ano de 2010, quando conquistamos vários lava-rápidos como clientes cativos. Porém, percebemos que a nossa *persona* estava bastante limitada a esse nicho.

Na mesma época, como crescemos bastante com a criação de novos produtos de grande aceitação no mercado, senti-me cada vez mais motivado a buscar outras tecnologias e fórmulas ainda não conhecidas, usadas para produção no Estado do Ceará – como o silicone em gel, por exemplo, para a proteção do painel do carro – e o retorno era quase sempre muito positivo. Então, para seguir escalando o crescimento do meu negócio, decidi ampliar a minha visão e, já no início de 2011, percebi que surgia uma nova leva de produtos importados de estética automotiva. Eles vinham da Alemanha, do Japão e dos Estados Unidos, entre outros países, e estavam chegando ao Ceará.

Comecei a pesquisar mais profundamente as marcas que começaram a fazer tanto sucesso no Brasil e vi que, apesar de já ter conseguido um bom posicionamento de mercado no Ceará, teria que

Capítulo 6 | É preciso mudar para crescer

me especializar, reinventar-me e fabricar produtos com o mínimo da qualidade desses produtos internacionais se quisesse crescer em nível mundial.

Ao mesmo tempo em que vi a chegada de novos produtos importados e de uma qualidade diferenciada ao Brasil, também olhei para o mercado de estética automotiva no país e percebi que surgiam muitas lojas que davam preferência a esses produtos internacionais. Como os clientes se tornavam cada vez mais exigentes com relação à qualidade, eram atendidos por uma gourmetização do nosso setor, com opções cada vez mais sofisticadas e conceitos novos para cada proposta.

Foi justamente diante dessas mudanças do mercado em nível nacional com influência estrangeira que percebi que precisava também evoluir. Para me desenvolver mais, decidi pesquisar e conceber novas fórmulas a fim de melhorar cada vez mais a minha produção. Enquanto isso, a ideia fixa seguia na minha mente: "Se eu criar produtos com nível de qualidade internacional, vou poder concorrer com esses importados". Então, a minha obstinação me levou a desenvolver produtos ainda melhores que aqueles que já havíamos lançado.

Ao ler esta parte da história, talvez você pense que, nessa época, dei um salto com meu negócio, ganhei velocidade para chegar ao topo! Bem, estava realmente obstinado a avançar, mas a estratégia da produção de alto padrão foi um verdadeiro tiro no pé, porque investi nas pesquisas, na elaboração e fabricação dos novos produtos que se equiparavam ao nível dos importados, investi na apresentação dessas novidades a lojistas de outros estados, mas eles simplesmente não aprovaram o que estava oferecendo. "Aí no Ceará vocês não têm tradição nessa área e nós não vamos deixar de comprar um produto importado, que já conhecemos, para comprar outro que nunca vimos antes", diziam-me.

Realmente, a rejeição do meu produto por parte deles era injusta, porque boa parte deles não testava as amostras que nós enviáva-

A fórmula do empreendedorismo

mos ou até testavam, mas continuavam desconfiados pelo simples fato de não ser um produto importado. Mas eu não podia forçá-los a aceitar apenas porque tinha a certeza da qualidade do meu produto. Foi nesse momento que percebi que, além da técnica, eu precisava aprimorar a estratégia.

> **Atualmente, para o empreendedor, não basta apenas ser o melhor no que faz, ter o melhor produto ou serviço. Ele precisa fazer e comunicar de maneira estratégica como chegou a esse nível.**

Parte da minha estratégia para chamar a atenção do mercado foi mudar a marca da empresa. Graças a Deus, Milena tem ótima visão estratégica e concordou com a minha ideia – fator que me deu ainda mais confiança para seguir.

Apesar do apoio que tive da Milena, precisei lidar com a resistência de pessoas de dentro da nossa equipe. "Mas Paulo, por que você vai mudar a marca agora que a empresa está crescendo tanto?", perguntou um vendedor, "Você vai matar a Quimiflex, cara? Não faz isso!". Realmente, ele tinha razão, em parte. Nós conquistávamos bastante mercado, mas estávamos limitados ao Ceará e eu queria crescer em nível nacional e internacional. Então, bem convicto da minha decisão, adotei uma postura drástica com esse vendedor.

— Rapaz, se você não está de acordo com essa mudança, pode sair da empresa – eu disse.

— Está bem, então! Eu saio! – ele respondeu.

E saiu da empresa mesmo. Decidimos que ele não iria mais ficar. Sendo assim, acabou se tornando um revendedor da nossa marca e se desligou do negócio. Foi melhor assim, porque não podíamos continuar com quem não concordava com uma mudança de tal nível estra-

Capítulo 6 | É preciso mudar para crescer

tégico para a empresa. Afinal, se ele realmente acreditava que a nova marca iria "matar" a empresa, não fazia mais sentido trabalhar nela.

A grande lição: "Não basta ser o melhor"

A verdade é que o maior aprendizado que tive na época foi exatamente a importância de estar disposto a mudar e reconhecer o momento certo para promover a mudança, em vez de simplesmente sentar e reclamar que meu produto era o melhor – e realmente, sempre foi e ainda é –, mas ninguém queria comprá-lo!

Não me conformei com a rejeição por parte dos lojistas que queria conquistar fora do meu estado, assim como não a levei para o lado pessoal. A reação deles era um tanto preconceituosa, mas não comigo especificamente, ela vinha de uma desinformação em nível de mercado como um todo. Por essa razão, entendi que precisava encontrar uma forma de mudar essa visão. A missão era trabalhosa, mas não impossível.

Vejo muitos empreendedores que perdem a oportunidade de crescer por não enxergarem que não basta ter o melhor produto ou serviço. Realmente, ter um nível técnico em sua própria área de atuação é essencial, mas esse fator em si não é o bastante.

Imagine que uma hamburgueria faça o melhor sanduíche de sua cidade, com uma cozinha muito limpa e altamente organizada, mas não invista na comunicação para fazer tais informações chegarem ao seu público. Provavelmente, com muita sorte, apenas os vizinhos que sentissem o cheiro da comida teriam curiosidade de visitar o local. E, para piorar o cenário, o cardápio não é atraente, o estabelecimento não tem boa estrutura e o local não atende com um serviço de *delivery*. Do que vai adiantar ter o sanduíche mais gostoso da cidade se quem o faz não se comunica com o cliente, não cria um ambiente convidativo, não estimula as pessoas a comprarem?

A fórmula do empreendedorismo

Você pode ser o melhor técnico da sua área, mas isso não significa que você vai ser o melhor empreendedor.

Atualmente, muitas empresas compreendem que não basta mais focar apenas em questões básicas como preço, qualidade e atendimento. É preciso gerar cada vez mais conexão com o cliente, comodidade para ele, conforto e até mesmo fazê-lo conhecer mais sobre a história do negócio.

Confesso que, quando vi meus produtos novos – de altíssimo nível – sendo rejeitados pelos lojistas de outros estados, simplesmente por serem fabricados no Ceará, senti-me decepcionado. "Eu sou bom no que faço, fabrico os melhores produtos, mas não faço sucesso. Como isso é possível?". Foi então que entendi que o sucesso é a soma do meu melhor produto com a visão estratégica para fazê-lo girar.

"Agora somos Vonixx"

A mudança de marca não se referia apenas a um novo logo, um nome novo. Significava muito mais, era a mudança da estratégia como um todo. Então, passamos o final de 2012 e o início de 2013 planejando como viveríamos aquele novo tempo.

Fato é que podemos considerar que não foi apenas a Quimiflex que se transformou em outra empresa, mas sim que uma nova empresa estava nascendo ali: a Vonixx. Todo aquele ano de planejamento foi essencial para projetar como ela seria, como iria se posicionar no mercado, quais eram suas personas, quais mercados queria atingir, quais embalagens iria usar.

Não desprezo a existência da Quimiflex na nossa história. Afinal, ela foi a minha verdadeira escola prática do empreendedorismo. Porém, a Vonixx marcou a nossa chegada a um novo patamar, e a prova desse fato é que a nova marca já nasceu com a maior e melhor linha de produtos de estética automotiva do Brasil em seu acervo.

Capítulo 6 | É preciso mudar para crescer

Reconheço que, naquela época, ainda não éramos líderes de mercado em nível nacional, mas tínhamos total consciência quanto à qualidade dos nossos produtos e precisávamos comunicar esse fato de modo impactante para todo o país. Foi a partir de então que criamos o marketing da nossa empresa, com o objetivo de divulgar a informação de que já estávamos convictos: "Temos os melhores produtos de estética automotiva do Brasil".

Confesso que, inicialmente, eu e Milena não tínhamos uma visão muito ampla sobre *marketing* e por esse motivo decidimos contratar um profissional para cuidar dessa área no nosso negócio. Foi uma das melhores decisões que tomamos como empresa, pois passamos a comunicar muito mais, fazendo valer todo o investimento para manter o alto padrão de qualidade dos nossos produtos. Se fabricávamos algo tão bom, precisávamos anunciar com grande alcance.

Se hoje alguém me perguntar onde foquei a minha estratégia para crescer no início da Vonixx, sem dúvida vou apontar o *marketing* como o fator essencial dela, porque não adiantaria investirmos tanto no alto padrão dos produtos para continuar vendendo apenas para o Ceará. Precisávamos aumentar o campo de vendas.

Então, se tivéssemos apenas mudado o nome da empresa ou o logotipo, não teríamos feito sucesso. Mudamos a estratégia por completo, a nossa forma de comunicar, a aparência das embalagens, o material delas, a consistência dos produtos, entre vários outros fatores.

Empreender também é se readaptar

Admito que quando percebi as mudanças do mercado, não as subestimei, mas também não as vi como insuperáveis. Na verdade, hoje entendo que boa parte das mudanças podem nos proporcionar aprendizado e crescimento. Por isso, aprendi a olhá-las como oportunidades e não simplesmente como "ameaças" ao meu negócio.

A fórmula do empreendedorismo

Acredito que, quando outros produtores de produtos para estética automotiva perceberam a chegada de importados às lojas, sentiram-se ameaçados, mas eu decidi que não perderia tempo apenas sentindo medo, e sim que agiria diante do alerta.

Se você não tem capacidade para se readaptar, não tente empreender, porque ser empreendedor é estar disposto a se reinventar sempre.

Creio que a grande sacada do meu perfil como empreendedor é justamente olhar para as mudanças e as adversidades – até mesmo queda do mercado causada por uma pandemia – como algo que pode nos abater, mas que não pode nos derrubar de verdade.

Sou inquieto por natureza e, apesar de reconhecer a existência do problema e até me apegar a ele por alguns instantes, começo logo a buscar saídas. Ao invés de continuar apegado à adversidade, não me conformo e faço da crise uma bela oportunidade de aprendizado para descobrir uma nova solução.

Aproveito para dizer que os melhores momentos da Vonixx aconteceram em meio a crises. Na época da pandemia (2020), por exemplo, muitos pensariam que o coronavírus quebraria a nossa empresa, mas, como geralmente ocorre quando encontramos um grande problema, promovemos uma mudança para a nossa equipe e fizemos os reajustes, mesmo sob pressão.

Suponhamos que o país esteja com o PIB em queda ou que uma guerra mundial gere uma crise de fortes proporções globais. Diante desses possíveis cenários, penso que não vou me intimidar. Posso vender até mesmo para outro planeta, se for preciso, mas jamais deixarei que um fator externo, fora do meu controle, me faça desistir dos meus objetivos. Talvez ele mude um pouco a rota, mas ao final a meta será batida.

Capítulo 6 | É preciso mudar para crescer

No final das contas, o que me move sempre é a paixão por empreender. Ela me mantém persistente, faz-me acordar cedo todos os dias, dá-me o brilho nos olhos. Assim, posso trabalhar até 20 horas por dia, porque sinto que não é simplesmente obrigação, mas algo divertido, na maior parte do tempo.

Se não trabalhasse com o que realmente amo, se não pensasse em como fazer o meu negócio crescer, inovar, sinto que não estaria dentro do perfil de empreendedor, e sim de um empresário.

Empreender é bem mais que abrir e gerenciar um negócio, é pensar sempre em como esse negócio pode levá-lo a alçar voos mais altos, é buscar constantemente uma diferenciação no mercado, é querer fazer o amanhã sempre melhor do que hoje.

Sem paixão, não há empreendedorismo, e sim um empresariado. O empresário é o tipo de dono que está lá com seu negócio estável. Ele pode crescer um pouco, manter-se por algum tempo, mas vai sofrer quando perceber a chegada de uma proposta agressiva, muito inovadora em seu setor, porque não se preocupa em inovar.

Bem, não nego que tanto empreendedor quanto empresário querem obter sucesso e crescimento com seus respectivos negócios. Porém, a grande diferença entre eles é que a paixão do empreendedor o leva a sempre buscar algo novo, sempre estar um ou mais passos à frente de sua concorrência.

Basta olhar para o mercado: os negócios que alcançaram grande sucesso têm verdadeiros empreendedores à sua frente, muito mais que empresários, pois essas empresas jamais tomariam as proporções que alcançaram sem paixão.

Claro, o empreendedor também é um empresário e dono de seu próprio negócio, mas a diferença é que ele é genuinamente um

A fórmula do empreendedorismo

empresário de sucesso. Por essa razão, não me considero apenas um empresário, mas sim um empreendedor. A estabilidade não me satisfaz, eu busco o crescimento constante, preciso estar sempre avançando.

Empreendedor é um empresário que faz acontecer.

Reinvestir sempre

Sempre que falo sobre empreendedorismo e busco incentivar novos empreendedores, ouço muitos reclamarem que não têm dinheiro para investir em seus próprios negócios. Chegam mesmo a insinuar que parece "fácil" que eu fale sobre crescimento, já que hoje a minha empresa está em um patamar bem elevado.

Não julgo aqueles que se encontram em uma situação de limitação financeira, mas a verdade é que a falta de dinheiro também é uma ótima professora na escola do empreendedorismo. Faço essa afirmação por experiência própria, porque eu mesmo, quando comecei a fabricar os produtos de limpeza, tinha apenas 5 reais no bolso, mas também tinha vontade de sobra para fazer acontecer.

Com aqueles 5 reais, comprei matéria-prima, fabriquei uma garrafa de produto de limpeza e saí para vender. A cada venda, reinvestia o lucro de volta na empresa e assim fui crescendo. Se esperasse o momento de ter muito dinheiro para investir no meu negócio, talvez estivesse esperando até hoje. Foi justamente a limitação financeira que me levou a economizar, cortar custos de todas as formas possíveis e reinvestir o máximo que podia no meu próprio negócio. Lembro-me de que até mesmo em épocas comemorativas, como aniversário e Natal, não pensava em presentes para mim, mas em material para a empresa.

— Amor, o que você vai querer de presente de aniversário este ano? – perguntava-me Milena.

Capítulo 6 | É preciso mudar para crescer

— Quero um tambor de matéria-prima para fabricar produtos – eu respondia.

Milena estranhava um pouco os meus pedidos, mas ao mesmo tempo entendia que ali não era simplesmente o Paulo falando, era o empreendedor que estava pensando sempre em acelerar o crescimento do seu negócio. A minha meta sempre foi vender para comprar mais matéria-prima e seguir fabricando cada vez mais para vender em maior quantidade, e assim formar um ciclo no qual posso escalar o meu ganho e continuar sempre reinvestindo na minha empresa. Acho que acabei crescendo rapidamente de tanto repetir esse processo.

Meu pensamento não mudou tanto nos dias de hoje. É claro que agora consigo investir mais em mim e no conforto da minha família, mas nunca vou deixar de reinvestir no meu negócio, porque é exatamente dele que vem o meu sustento. Se hoje eu descobrisse que preciso decidir entre investir na minha empresa ou no meu conforto e no da minha família, certamente optaria por priorizar o meu negócio, porque tenho a certeza de que esse investimento voltaria 10 vezes maior para o meu lar.

Então, o que fica de lição para o empreendedor? Reinvestir sempre. Costumo dizer para todos os empreendedores com quem converso que, se eles passarem de cinco a dez anos da vida deles reinvestindo muito mais do que o normal em seus próprios negócios, verão essas empresas crescendo mais rápido e colherão os benefícios dessa estratégia mais cedo que o esperado.

Atualmente, vivo com minha família em uma boa casa, temos bons carros, empreendimentos e o dinheiro que gastamos em nossa vida particular não impacta em nada na nossa empresa. Tenho certeza de que isso só se tornou possível porque decidimos esperar o momento certo para usufruir daquilo que construímos.

Ainda me lembro do tempo em que a nossa empresa já havia crescido um pouco mais, conquistando o mercado no Ceará. Tínhamos

A fórmula do empreendedorismo

dois carros, mas eu e Milena andávamos em uma motocicleta Honda Biz porque os veículos precisavam ficar com os vendedores para fazer entregas e atender os clientes.

Eu sabia que, se usássemos aqueles carros para passeio, estaríamos deixando de vender, e que perder vendas geraria um impacto negativo sobre a empresa. Por isso, o empreendedor precisa ser racional, fazer os cálculos: "Posso tirar R$ 100 mil reais por mês da minha empresa?" Depende. Se a sua empresa der lucro mensal de um milhão, não vejo problema, porque representaria 10% do lucro. Porém, se o negócio gera um lucro de R$ 150 mil por mês, por exemplo, é interessante que essa retirada seja mais baixa, pois o reinvestimento na empresa precisa ser garantido.

Fato é que, muitas vezes, o que acontece é ainda pior: donos de empresas lucram R$ 10 mil e gastam tudo ou ainda gastam mais do que ganham. Sei que parece simples quando falo sobre não gastar tudo o que se ganha, mas o que vejo, na realidade, é que muitos empresários ainda não estão preparados para administrar as finanças de seus próprios negócios e, quando se deparam com aquele lucro, se vislumbram, gastam tudo e deixam de reinvestir.

Realmente, não é fácil manter essa disciplina, muitas vezes essa medida corta a carne do dono da empresa. Eu, por exemplo, não sou nutricionista, mas entendo um pouco sobre alimentação, como carboidratos simples e complexos. Sei como precisa ser a minha alimentação para me manter saudável, mas todos os dias me sinto tentado a fugir da dieta que me faz bem. Muitas vezes, acabo comendo gordura saturada, entre outros tipos de alimentos que me fazem mal.

Da mesma forma, somos tentados diariamente a gastar R$ 1.000 enquanto precisamos apenas gastar R$ 100. Mas por quê? Porque a voz da busca pelo prazer imediato sempre nos diz: "Vai, gasta, aproveita, você merece! Trabalha tanto para ganhar esse dinheiro". Mas, enquanto cedemos a essa voz, estamos antecipando uma sa-

Capítulo 6 | É preciso mudar para crescer

tisfação que poderia ser muito maior se esperássemos um pouco mais, se nos privássemos dessa recompensa agora para desfrutar com segurança no futuro.

A queda que ocorre com o empreendedor quando ele cede à voz do hedonismo é uma verdadeira autossabotagem e, provavelmente, a pior que pode fazer consigo mesmo. O pior mal que o dono de uma empresa pode fazer como empresário é prejudicar o seu negócio, no caso, gastando o dinheiro que deveria ser reinvestido na empresa.

Crescimento vs. conformismo

Enquanto a falta de reinvestimento no negócio é uma forma de autossabotagem para o empreendedor, o conformismo é uma verdadeira ilusão. O que vou dizer pode parecer loucura, mas o empresário que procura incessantemente a estabilidade como seu objetivo principal vai quebrar.

Exponho essa verdade sem medo porque uma empresa é um organismo vivo que interage em um mercado que está em constante transformação. Então, enquanto o empresário diz "quero estabilidade, quero chegar a um ponto seguro e me manter ali", o que acontece com o mercado ao redor dele? Todos estão trabalhando, inclusive os concorrentes que desejam crescer mais. Essa conta é fácil de se fazer: o empresário que chegou ao seu "ponto de estabilidade" já não está mais preocupado em continuar crescendo, enquanto seus concorrentes buscam crescimento. O resultado é que a empresa "estável" ficará para trás e quebrará, pois vai perder espaço no mercado até não sobrar mais nada. Por isso, um verdadeiro empreendedor jamais pode parar de buscar crescimento. No dia que ele acreditar que pode se manter "estável" e que não precisa mais buscar inovação, expansão, é melhor parar, vender a empresa e aproveitar a vida de outra forma. Empreendedorismo está totalmente ligado a crescimento, sempre!

A fórmula do empreendedorismo

Resiliência empreendedora

Sempre que abordo a "inconformidade" que considero essencial para o empreendedorismo, não a cito como se fosse uma característica fácil de desenvolver. Na verdade, ela é uma postura que exige muita resiliência, porque, assim como mar calmo não forma bom marinheiro, o empreendedor cresce, fortalece-se e amadurece justamente em meio às "tempestades" do mercado.

Não há, obviamente, uma regra fixa para o amadurecimento no empreendedorismo, mas a experiência que tive e creio que muitos empreendedores também vivenciaram é que a maturidade nos negócios é desenvolvida em momentos de grandes dificuldades, nos quais o dono da empresa poderia sentir-se um fracassado, mas decide não dar ouvidos a esse sentimento, e segue rumo ao crescimento.

Como empreendedores, o que devemos fazer em meio às adversidades é não desistir, não nos acovardar, independentemente da situação – o que não nos isenta da responsabilidade de reformular a estratégia quando necessário. Afinal, se até em time que está ganhando é possível mexer para evitar estagnação, que dirá em uma equipe que está perdendo.

Sempre há coisas novas a serem descobertas e elas precisam ser buscadas constantemente. Não importa se estamos em uma boa fase ou em crise, a resiliência empreendedora não está associada apenas aos maus momentos, mas também às fases de avanço. Enquanto na crise precisamos da resiliência para ter jogo de cintura e encontrar uma saída, nos bons momentos também precisamos estar atentos para não nos conformar.

Quando o dono de um negócio desenvolve sua resiliência empreendedora, está caminhando a passos largos para além de um crescimento comum, até um crescimento exponencial. Mas então, o que poderia caracterizar basicamente essa resiliência empreen-

Capítulo 6 | É preciso mudar para crescer

dedora? Creio que o fator principal é o entendimento de que o problema é um fato e que, ao encontrá-lo, simplesmente reclamar dele não fará diferença. Por essa razão, reconhecer o problema é importante, sem dúvida, mas buscar a solução é ainda mais. É ela que vai marcar seu aprendizado e validar a situação, mostrando que, por fim, a crise lhe trouxe um benefício, uma nova ideia, que talvez possa até se tornar uma nova frente do negócio.

> **Empreender é a capacidade de solucionar problemas de outras pessoas. Não reclame de uma crise, aja! Pois nela poderá surgir uma ideia ou até mesmo uma nova frente de negócio.**

Alfabetização do empreendedor

Ter resiliência é importante, porém também creio que não há resiliência que suporte uma constante falta de organização e falta de qualificação profissional. Por essa razão, trago estes três pontos que também se fazem essenciais no perfil do empreendedor.

Planejamento

Vejo muitos donos de empresa afirmando que "não têm tempo para reuniões de planejamento estratégico". Sinceramente, esse tipo de postura mata qualquer negócio, porque o empreendedor pode até ver sua ideia ganhando forma e avançando, mas não terá nenhum controle sobre ela se não planejar. E, sem controle, quanto mais alta a velocidade, mais perigoso o negócio se torna.

A fórmula do empreendedorismo

Na época da nossa mudança de Quimiflex para Vonixx, nós planejamos por um ano e não nos arrependemos de ter investido esse tempo. Fizemos uma análise geral junto com a equipe sobre todos os erros cometidos enquanto éramos Quimiflex e que não poderíamos cometer na Vonixx, como embalagem ruim, falta de comunicação ou ausência de um setor de *marketing*. Obviamente, também levantamos os pontos positivos e buscamos saber o que poderia ser melhorado neles. Todo ano tem que se planejar!

Qualificação

A verdade é que a sua empresa só cresce proporcionalmente ao seu conhecimento, o que envolve qualificação. Para conseguir atender cada vez mais clientes sem perder a qualidade nesse atendimento, uma empresa precisa ter pessoas com qualificação nessa área. Então, se você atende apenas o seu estado, por exemplo, o nível de exigência é um, mas se quiser atender em nível internacional, o nível sobe muito. O que vai determinar se vai alcançar esse objetivo é o nível de qualificação que você tem para fornecer atendimento com qualidade.

Readaptação

Sem dúvida, é importante que o empreendedor consiga sempre se readaptar, por conta da mudança constante no mercado. Quem não tem capacidade de adaptação vai perder poder de diferenciação, e sem diferenciação não tem empreendimento, não tem empreendedorismo. O mercado sempre se transforma, transforme-se com ele!

Capítulo 6 | É preciso mudar para crescer

Referenciais no empreendedorismo

Se tem um bom exemplo de empreendedor que jamais se acomodou e não está dando a mínima para a tão sonhada "estabilidade" que tantos empresários buscam, essa pessoa chama-se Elon Musk e, ao falarmos a respeito dessa sede por inovações, é impossível não pensar em suas iniciativas.

Como se não bastasse ser o dono de uma das fábricas de automóveis mais fascinantes da atualidade, Musk investe cada vez mais na Ciência, na forma de lançamento de foguetes, no avanço do alcance da internet para regiões que ainda não têm acesso à grande rede, entre outras questões.

Considero Musk um verdadeiro empreendedor, pois ele enxergou a Ciência não apenas como um campo de pesquisas, mas como um negócio – o que não o impediu de gerar benefícios para milhões de pessoas com seus empreendimentos. Sendo assim, acredito que, se há alguém que sabe bem o valor da capacidade de se readaptar e viver buscando constantemente a inovação, adiantando-se ao tempo que virá no tempo em que vive, esse alguém se chama Elon Musk.

A fórmula do casal empreendedor

Ainda me lembro bem da época em que o Paulo teve a ideia de mudar a marca da nossa empresa de Quimiflex para Vonixx, fazendo assim que fosse necessária uma reformulação completa do nosso negócio.

Quando olhamos para essa parte da nossa história hoje, temos a impressão de que tudo correu muito rápido,

A fórmula do empreendedorismo

mas não foi nada instantâneo e creio que, justamente por esse motivo, pelo tempo que aceitamos investir, é que a mudança foi consistente e, de fato, construtiva.

A gota d'água para a mudança ocorreu quando um cliente não aceitou o nosso produto afirmando que era de qualidade inferior. Mas a verdade é que, meses antes, Paulo já deitava a cabeça no travesseiro, pensando: "Essa marca Quimiflex não está boa". Quando recebemos esse *feedback* negativo, foi como se ouvíssemos que muito mais precisava de mudanças além da marca.

"Eu vou mudar de marca, vou mudar a qualidade das embalagens, vou mudar o que for preciso", decidiu Paulo. E como eu não me sinto uma empreendedora – e não tenho problema em assumir esse fato para ninguém – e me identifico mais com a área de gestão de pessoas, não questionei a decisão dele. Abracei a ideia e me dispus a contribuir com o que eu tinha de melhor, que era desenvolver a gestão dessa nova fase, buscando também a consultoria de especialistas para que a passagem entre momentos fosse marcada por um forte crescimento.

Dediquei-me muito aos cursos de gestão de pessoas, e contar com essa consultoria foi essencial para a fase da mudança de marca. Eles praticamente desenharam o planejamento conosco, e vencer esse desafio se tornou bem mais possível com um programa a ser seguido e metas mais claras. Assim, tudo ficou muito acertado, porque eu cuidava da parte administrativa e o Paulo sempre focava no empreendedorismo. Nessa época, investimos bastante na consultoria, mas o desafio se tornou ainda maior. Ainda não tínhamos o time que temos hoje, não tínhamos laboratórios com a estrutura atual.

Capítulo 6 | É preciso mudar para crescer

Muitos poderiam dizer que seria loucura investir tanto na consultoria se ainda não tínhamos uma estrutura grande, mas hoje entendo que grande parte do nosso crescimento exponencial também se deve a esse planejamento, pois crescemos com muito mais segurança quando nos planejamos. Então, não fizemos um movimento brusco de mudança, de fato. Respeitamos a transição, de modo que, por cerca de dois anos, ainda distribuímos nossos produtos com o nome da Vonixx na frente da embalagem e o nome da Quimiflex atrás, para que as pessoas que já gostavam da marca entendessem que a empresa estava mudando, e para melhor.

Respeitar o tempo do processo de mudança foi essencial.

Milena Mota Maia Nobre

PARTE 3
OS RESULTADOS AO VENCER

Capítulo 7

PROFISSIONALIZAÇÃO DA EMPRESA, A HORA DE DEIXAR DE SER CRIANÇA

A importância de que o empreendedor reconheça a empresa como aprendente, sem excluir-se do processo.

"Na vida, nós devemos ter raízes, e não âncoras. Raiz alimenta, âncora imobiliza."

Mario Sergio Cortella
(filósofo e escritor brasileiro)

Capítulo 7

Creio que um dos maiores desafios da realidade do empreendedor esteja associado à fase de profissionalização de sua empresa, logo quando a necessidade se evidencia. Em nosso caso, acredito que não foi diferente. Afinal, para um dono de negócio que começou tudo intuitivamente, pensando grande a partir de uma estrutura pequena, lidar com o crescimento é um aprendizado que envolve tanto saltos quanto tropeços.

A profissionalização da nossa empresa se iniciou, de fato, quando entendi que a dinâmica em que eu fazia tudo pessoalmente e coordenava toda a produção havia ficado no passado, e o momento exigia que adotássemos outras medidas, considerando a importância de uma gestão, de uma liderança mais clara e sistematizada e o estabelecimento de uma hierarquia com funções bem definidas em cada setor.

Tudo passou a ficar mais evidente quando criamos nossa loja física. Como todo crescimento se dá por um processo, montamos nossa própria loja, mas eu e Milena ainda éramos bem envolvidos no operacional do negócio. Enquanto continuava me dedicando bastante às pesquisas, à fabricação dos produtos e ao preparo das embalagens, Milena cuidava do atendimento no balcão, do caixa, ajudava no administrativo e até mesmo ajudava a envasar os produtos, se fosse preciso. Passamos a vender não apenas por meio das entregas nos estabelecimentos, mas também em nosso próprio local de atendimento aos clientes.

Apesar de considerar a importância da profissionalização, também reconheço que o nosso processo de evolução foi o melhor dentro das nossas possibilidades em cada momento. Até porque havíamos começado com muita vontade e disposição, mas pouquíssimo dinheiro. Não tínhamos como investir em uma consultoria empresarial ou de gestão, na contratação de um RH e de funcionários para delegarmos funções. Em paralelo, essas demandas também eram um tanto quanto novas para nós, pois nossa experiência de negócio ainda era bem "recente", se comparada à de empresas de mais tradição no mercado. Então, a cada novo passo que dávamos rumo ao crescimento, celebrávamos as conquistas, mas também descobríamos que o avanço exige o amadurecimento de um sistema bem estabelecido e que ainda havia muito a ser conquistado pela frente.

Fato é que optamos por não ter uma profissionalização tão sólida – com uma equipe grande, bem setorizada, um RH, entre outros departamentos – antes de desenvolver um bom ritmo de vendas, que viria a gerar nosso faturamento. O que hoje entendo que foi uma boa decisão, porque um empreendedor pode profissionalizar seu negócio estando pequeno, com baixa lucratividade, mas deve ficar bem atento aos custos que essa profissionalização pode gerar. Se esse investimento não for compensado pelo lucro das vendas, a empresa permanecerá no prejuízo, ainda que esteja bem-organizada.

Na fase inicial de um negócio – ainda mais com pouca disponibilidade de capital – o empreendedor precisa ser aquele que bate o escanteio e corre para cabecear para o gol.

A fórmula do empreendedorismo

Foi o que pensei quando entendi que o próximo passo seria investir na profissionalização da empresa. "Posso estabelecer essa profissionalização como meta, mas, por enquanto, o meu negócio ainda não suporta esse investimento. Vou segurar mais um pouco e continuar atuando na fabricação dos produtos, na embalagem e até mesmo na entrega dos pedidos para aumentar nosso alcance", pensei. "Enquanto isso, Milena atende os clientes no balcão, recebe os pedidos pelo telefone e cuida do operacional de caixa" – pronto, na minha cabeça, estava tudo "resolvido".

A tentativa de profissionalização

Enquanto o crescimento acontecia por quase uma década, percebíamos que a profissionalização era cada vez mais necessária porque começamos a sofrer com a falta dela em algumas áreas. Exemplo dessas "dores" foi quando contratamos os nossos vendedores. A seleção e preparação dessa equipe era totalmente intuitiva. Nossos critérios eram bastante rasos para escolher esses colaboradores: "O candidato à vaga é desenrolado? É bom para fazer contatos? Leva jeito para negociar? Então vamos contratar!" – era basicamente assim que funcionava.

Hoje consigo enxergar que, se naquela época tivéssemos uma noção maior de profissionalização, poderíamos contratar em menor quantidade ao invés de apenas aumentar a equipe, prezando pela qualificação e considerando critérios mais específicos para selecionar essas pessoas. Admito que um dos grandes erros que cometi nessa época foi selecionar mal a minha equipe. E não faço essa afirmação me referindo a esses colaboradores como maus profissionais, mas sim como pessoas que simplesmente não tinham o perfil que a vaga exigia ou que a empresa precisava naquele momento.

Logo, nosso crescimento acontecia por força de vontade e esforço, mas ainda sofrendo com a falta de conhecimento sobre o processo de profissionalização da empresa, em nossa primeira década. Se um empreendedor que está começando me perguntar sobre esse processo atualmente, já consigo ver um cenário bem mais claro na minha mente.

Capítulo 7 | Profissionalização da empresa

Provavelmente, no início você não terá como estabelecer 30 setores na sua empresa, mas suponhamos, por exemplo, que o seu negócio será a venda de sanduíches. As minhas dicas para você seriam:

1. **Procure saber como se comportam os vendedores de sanduíches que estão no patamar que você quer chegar um dia.**

2. **Responda a questões como: "O meu hambúrguer vai ser artesanal, feito com a minha própria marca ou vai ser de outro fornecedor?"; "Eu posso contratar alguém agora para me ajudar?".**

3. **Procure saber também como se comportam os consumidores de sanduíches da sua região. Onde eles compram? Com qual qualidade de hambúrguer eles estão acostumados?**

4. **Busque saber quais são as exigências da vigilância sanitária com relação à conservação e ao preparo dos alimentos, à limpeza do local.**

5. **Por fim, quando for contratar alguém, entenda que não é apenas o candidato que precisa de qualificação, mas que você, empreendedor, também precisa de conhecimento para contratar com qualidade. Sendo assim, dispondo ou não do serviço de um setor de RH, estude sobre o assunto. Estar ciente das questões comportamentais é algo essencial para contratar bons colaboradores e formar uma boa equipe.**

Se hoje tivesse a oportunidade de voltar no tempo e mudar alguma das minhas decisões no início dessa jornada empreendedora, o que talvez eu faria – mesmo sem tanta estrutura – seria usar mais da estratégia para a contratação de modo a ter um grupo menor de colaboradores, porém, mais qualificado.

Aprendizado e paciência

Não tenho dúvidas quando digo que, por 10 anos, cometemos o erro de contratar sem estratégia, sem analisar o perfil dos candidatos, acreditando que o simples fato de crescermos em número de

A fórmula do empreendedorismo

pessoas já era um sinal de avanço. Mas a verdade é que só começamos a entender o que de fato é profissionalização e seu poder real de gerar resultados na empresa quando decidimos contratar uma consultoria, que se iniciou com o Roger quando ainda éramos a Quimiflex. Esse primeiro consultor nos atendeu em uma fase na qual estávamos "engatinhando" com relação à profissionalização. Até estudávamos sobre o assunto, mas é preciso reconhecer que aprender a teoria é bem diferente de colocar o conhecimento em prática. Sendo assim, apesar do aprendizado teórico que já tínhamos adquirido, ainda demoramos um tempo para ver os resultados práticos de sua aplicação. Ainda assim, não devemos desprezar os primeiros avanços e reconheço que os alcançamos sob a orientação do Roger.

Um exemplo do quanto a consultoria foi significativa para nós é que Roger nos ajudou a contratar a Rafaela – nossa primeira funcionária do setor administrativo – e essa contratação foi algo tão certeiro que ela acompanhou todas as etapas do crescimento do nosso negócio, permanecendo conosco até os dias atuais. E esse acerto não ocorreu simplesmente como um lance de sorte, mas sim com embasamento técnico e teórico, estabelecendo diversas etapas para a seleção, além do investimento no treinamento dela para atender às demandas mais específicas da função.

Lembro-me até hoje de que ele pedia para Rafaela fazer algumas provas, submeter-se a alguns testes, passar por treinamentos, enquanto a Milena também aprendia a se acostumar com o processo, que era algo novo para todos da empresa.

— Roger, pelo amor de Deus, libera logo a Rafaela para começar, preciso dela me ajudando no administrativo – dizia a Milena.

— Calma! Não se preocupe, que você pode esperar mais um pouco. Rafaela ainda precisa aprender sobre esses assuntos aqui – respondia o Roger.

Seria injusto julgar a preocupação e a impaciência da Milena naquela época. Afinal, sua cobrança era feita no tom de quem queria ver a empresa avançando, evoluindo, com resultados visíveis, palpáveis. Na verdade, muitas vezes eu mesmo me pegava reagindo com bas-

Capítulo 7 | Profissionalização da empresa

tante impaciência ao processo pelo qual a consultoria estava nos levando naquele estágio ainda inicial da nossa profissionalização.

O que eu digo hoje aos empreendedores que estão começando é que, à medida que vão crescendo, precisam reconhecer que já não conseguem mais fazer tudo sozinhos e que dificilmente se tornarão *experts* em todas as áreas do negócio. Por esse motivo, é bem mais prudente que, quando a empresa tiver como bancar o serviço, contrate uma consultoria e a traga para dentro de sua organização. Assim, todo o operacional e a gestão serão analisados, um bom organograma será elaborado, um bom planejamento estratégico será montado e, se a equipe se dedicar a colocar essas medidas em prática, os bons resultados irão se revelar naturalmente e de modo gradativo.

Sair da zona de conforto para crescer mais

O início foi precioso com a consultoria do Roger e a melhora foi visível; porém, nessa fase, a profissionalização foi mais apresentada do que colocada em prática efetivamente. Enquanto isso, a empresa crescia e as demandas aumentavam. Eu tinha apenas seis colaboradores na fabricação dos produtos, e tinha dois vendedores buscando clientes. Esse processo tomou proporções maiores, até um ponto onde já estava trabalhando 20 horas por dia. O meu tempo já parecia não render mais, acabei descuidando da estratégia, desgastando-me física e mentalmente, descontando o estresse nos funcionários, falando o que não devia, ficando raivoso com detalhes... A situação ficou alarmante até mesmo na minha família, porque eu não tinha tempo para nada fora da empresa e levava os problemas do trabalho para o lar.

Foi quando contratamos outra consultoria para avançar na aplicação de tudo o que tínhamos aprendido até então com o Roger e esse grupo me alertou sobre o que pode parecer óbvio para quem olha o cenário de fora, mas difícil de aceitar para quem sente que está no olho do furacão: "Paulo, seu desgaste está acontecendo em razão do acúmulo de funções. Você é o dono da empresa e não deveria estar tão envolvido no operacional. Seu papel é cuidar da estratégia. O papel da Milena é na gestão de pessoas", disseram, se-

A fórmula do empreendedorismo

guindo com um questionamento final: "Por que vocês ainda estão ocupados com a fabricação e o envasamento de produtos?".

A fala do grupo de consultoria me serviu como a confirmação de algo que eu já sentia, mas relutava em admitir: precisávamos contratar estrategicamente e delegar funções.

Fato é que o alerta que a consultoria fez tinha como objetivo muito mais do que amenizar o meu desgaste e o da Milena, ele servia para nos ensinar a adotar uma postura de donos da empresa. Muitas mudanças precisavam acontecer, porque já havíamos deixado de ser aquele negócio com uma aparência "caseira" e estávamos em pleno crescimento. Essas melhorias tinham de ocorrer em muitos planos, desde a minha visão como líder até o meu vestuário.

Na época em que contratamos a consultoria, eu não tinha o menor cuidado com a minha forma de vestir e, por mais que pensasse que as minhas roupas não atrapalhavam o desempenho do negócio – e de fato não afetavam mesmo, quando ainda não tínhamos a loja –, os tempos estavam mudados e a empresa já entrava no radar de clientes e fornecedores que queriam nos visitar. Claro, muitos deles chegavam ao nosso estabelecimento querendo falar comigo. "Estou procurando o Paulo, dono da empresa aqui" – muitos me perguntavam, sem me reconhecer. Eu provavelmente deveria ter vergonha de falar que era o fundador do negócio enquanto ia trabalhar com uma camiseta velha, calção e chinelo.

Continuei relutante em melhorar o meu vestuário até que essa urgência ficou ainda evidente para mim. A gota d'água pingou quando contratamos o nosso gerente comercial e todos que chegavam para conhecer a empresa se dirigiam a ele, acreditando que ele era o dono do negócio. Não me senti mal ou enciumado por uma questão hierárquica, mas sim por compreender que eu mesmo estava me boicotando por causa do detalhe que era vestir uma camisa, uma calça e um sapato, em vez de uma camiseta, um calção e um chinelo.

Sei bem que as nossas roupas não definem competência nem caráter, longe de mim dizer isso! Mas elas dizem muito sobre o valor que damos à ocasião. Então, quando eu me vestia com bermuda e chinelo, estava comunicando que não me importava muito em

Capítulo 7 | Profissionalização da empresa

receber bem os nossos clientes e fornecedores. Por mais que relutasse em aceitar essa verdade, o fato de me vestir mal se tornava um grande boicote à minha própria imagem como empresário e, consequentemente, ao meu próprio negócio.

Quando contratamos essa consultoria, o grupo nos ajudou a elaborar um organograma, fazer os alinhamentos de processos dentro da empresa e nos recomendou criar a equipe de gestão. Inicialmente, fui contra essa ideia, porque acreditava que poderia aumentar muito os custos e quebrar a empresa. Mas, após algumas conversas com a consultoria, tive de reconhecer o quanto essa medida é importante para qualquer negócio em crescimento.

Dores do crescimento

Enquanto nossa empresa se profissionalizava, por volta do ano de 2012, celebramos os bons resultados que esse processo nos trouxe. Porém, como todo crescimento traz novas demandas e todo aprendizado revela certa carência de conhecimento, começamos a encontrar problemas na equipe de gestão – o que é compreensível, porque ainda éramos muito jovens nesse sentido.

A questão é que a equipe era nova e ainda não tínhamos o costume de trabalhar nesse sistema. Todos ainda estávamos aprendendo a nos comunicar nesse plano. Em diversos momentos, a imaturidade dos gestores se revelava, de modo que algumas vezes o sistema precisava ser reforçado e em outras situações, adaptado. Ficou evidente que, enquanto a implantação da equipe foi um importante passo dentro da profissionalização, deparamo-nos com um grande problema, que era a falta de comunicação.

Ninguém estava se acertando, a equipe fazia gestão na base do autoritarismo, do embate, e a falta de engajamento era visível. Foi então que contratamos outra consultoria, o *Team Coach*. Esse grupo analisou a parte comportamental e as competências dos gestores. Com esses diagnósticos, descobrimos onde acertávamos e onde estávamos errando nas contratações das pessoas.

A fórmula do empreendedorismo

Às vezes, ainda contratávamos pessoas bem fora do perfil da nossa empresa, e outras vezes até contratávamos as pessoas certas, mas as colocávamos nas funções erradas. E essa consultoria de perfil comportamental nos deu entendimento sobre o quanto o comportamento de cada um poderia afetar ou impulsionar seu trabalho dentro do setor em que foi inserido e, consequentemente, contribuir ou não para o crescimento da empresa.

O aprendizado que tivemos nos ajudou a reposicionar os gestores de acordo com seus perfis pessoais. Os mais analíticos, os mais estáveis, os mais sociais, os mais focados, cada um deles foi direcionado ao setor no qual poderia contribuir melhor.

Quando começamos a focar nos gestores e reposicioná-los em suas áreas específicas, entendemos que competência tem seu valor, porém o alinhamento do comportamento com a função é essencial.

Competência se adquire com treinamentos, formações, prática, mas o comportamento é algo intrínseco, que carregamos conosco.

Cada função exige um perfil diferente e é justamente o comportamento que levará a pessoa a adotar certo tipo de postura diante das situações.

Confesso que passamos muito tempo buscando a "fórmula perfeita", o "estado ideal", para somente então efetivar a profissionalização da nossa empresa. Porém, após uma década de buscas, descobrirmos que essa perfeição simplesmente não existe. Fato é que essa busca (e até mesmo a descoberta da inexistência da perfeição) nos deu maturidade para criar uma equipe de gestão desde o topo da pirâmide, ponto em que começamos a levar toda a comunicação desse profissionalismo passando pela base do operacional, que são os líderes, até chegar à outra ponta, que são os colaboradores das equipes de produção, de vendas e de logística, criando vários processos dentro da empresa para seguirmos um padrão de qualidade.

Capítulo 7 | Profissionalização da empresa

Investimos tempo e dinheiro na organização para o embasamento dos processos e a profissionalização, que até hoje continua evoluindo e se aprimorando cada vez mais, de modo que não podemos mais parar.

Evoluindo juntos

Uma prova dessa evolução é que atualmente já estamos desenvolvendo a Escola/Universidade Vonixx, uma plataforma on-line na qual disponibilizamos aulas gravadas para todos os colaboradores, explicando sobre a cultura da empresa e sobre as competências que eles precisam ter para atuar em seus cargos.

Então, se hoje uma pessoa nova for contratada para a área comercial, vai ter aulas sobre cada produto que vendemos e sobre o nosso padrão de atendimento; se ela for contratada para os serviços gerais, vai ter aula do método 5S; se for para o setor de produção, vai ter aula de Kanban, entre outros assuntos. A plataforma da Escola/Universidade Vonixx é produto de um verdadeiro processo de profissionalização que começamos lá atrás e no qual já evoluímos muito, e continua em constante atualização.

Quando um colaborador entra em nossa empresa hoje, deixamos claro que há um plano de carreira dentro da organização e que ele poderá escalar a hierarquia, crescendo sempre mais. A importância de expor essa possibilidade é que, ao entendê-la, as pessoas se sentem motivadas, pois terão seu trabalho e dedicação reconhecidos e perceberão que estão crescendo junto conosco.

A ideia da plataforma surgiu e se concretizou porque, toda vez que contratávamos alguém, tínhamos que parar todo o setor do novato para treiná-lo. Então, compreendemos que, fazendo esse treinamento de maneira remota, com aulas gravadas para cada função, nada precisaria parar de funcionar e esse colaborador já poderia assumir responsabilidades em seu setor gradativamente, à medida que fosse avançando no treinamento on-line. Quando começamos a usar desse sistema, os resultados apareceram rapidamente.

Logo, com a plataforma on-line de ensino, temos uma economia de tempo – porque conseguimos treinar muito mais pessoas si-

A fórmula do empreendedorismo

multaneamente – e dentro das possibilidades de agenda de cada colaborador. A partir da criação dessa escola, um auxiliar dos serviços gerais que nunca havia recebido treinamento dos 5S, por exemplo, não chega na empresa para limpar de qualquer jeito. Ele tem acesso a um curso completo sobre organização e pode aprender muito mais que varrer ou passar pano no piso, além, claro, de receber conhecimento para fazer seu trabalho com excelência.

Muito mais que simplesmente agilizar os processos de treinamentos dos recém-contratados, sinto que a estruturação da UniVonixx é um investimento também na criação do capital intelectual da nossa equipe e dos nossos setores. Sem dúvida alguma, recomendo aos empreendedores que invistam também em seus colaboradores, pois os resultados são imensuráveis.

Some-se a isso o fator-chave de que o fazemos pensando não apenas na economia de tempo, energia e dinheiro que essa agilidade nos proporciona, mas também pelo resultado desse preparo, que é o trabalho de cada colaborador executado com muito mais qualidade e motivação, parte de uma equipe mais engajada.

Creio que um dos nossos grandes desafios foi manter o engajamento de uma equipe de apenas 10 pessoas para uma de centenas de integrantes, por exemplo. Não podemos mais nos iludir imaginando que um dia voltaremos a ter aquela mesma proximidade que tínhamos quando ainda éramos 10. Porém, também precisamos sempre manter como meta o máximo de sinergia e lembrar que, quando centenas de pessoas estão engajadas, podem fazer muito mais do que 2.000 sem engajamento.

Ao final das contas, destaco que, se não tivéssemos iniciado a profissionalização da nossa empresa tempos atrás, não teríamos crescido tanto e de maneira tão sólida como nos encontramos hoje. O processo nos deu condições para concorrer de igual para igual com marcas internacionais, para buscarmos certificações ISO e conquistá-las, para sermos vistos pelos nossos clientes hoje como uma empresa de alto padrão de qualidade e organização.

Capítulo 7 | Profissionalização da empresa

Profissionalização: a hora é agora

Chegando a esse ponto da leitura, quando falamos tanto a respeito da importância da profissionalização da empresa, imagino que uma pergunta talvez esteja rondando sua mente há algum tempo: "Mas, então, qual é o momento certo para iniciar a profissionalização da minha empresa?". Percebo que essa questão não é tão fácil de responder, mas podemos elaborar uma linha de raciocínio bem interessante sobre ela.

Vamos olhar um pouco mais para a minha história.

Se eu pudesse voltar no tempo, em qual fase iniciaria a profissionalização? Bem, com o conhecimento que tenho hoje sobre o assunto, já começaria a profissionalizar a partir do momento que enxergasse minha iniciativa como um negócio, fazendo o possível dentro das minhas possibilidades.

Citei uma frase do filósofo e escritor Mario Sergio Cortella na epígrafe deste livro, porque creio que ela seja uma ótima síntese do que entendo hoje como o processo de profissionalização. A ideia é exatamente essa: fazer o seu melhor, na condição que tem, enquanto não tem condições melhores para fazer melhor ainda.

Vamos supor que você comece o seu negócio hoje, sem muito capital para investir em gestão ou na contratação de funcionários. Ainda assim, tenho certeza de que você pode fazer o mínimo pela profissionalização do seu negócio. Já pode começar a estudar, por exemplo, a pesquisar o mercado, a buscar o que é preciso para se tornar muito bom no que faz.

Talvez hoje você não tenha condições de investir muito em estrutura, mas já possa padronizar o vestuário da sua empresa, definir um padrão de atendimento e colocá-lo em prática – ainda que o negócio seja composto apenas por você ou talvez também o seu sócio.

Se eu pudesse voltar no tempo para corrigir algum erro do passado como empreendedor, certamente voltaria mais minha atenção para o posicionamento das funções conforme o perfil comportamental. Em vez de me desgastar em discussões com a minha espo-

A fórmula do empreendedorismo

sa e parceira nos negócios, buscaria entender mais sobre o comportamento dela e pediria: "Milena, já que você tem mais jeito com os números e gestão, por favor, me apoie nos setores financeiro e administrativo, enquanto eu fico na produção e no comercial".

Essa nova postura considera as diferenças entre mim e a Milena, deixa de ser um olhar de julgamento, que exige que todos pensem da mesma forma, e se torna uma visão que valoriza a cooperação, de modo que cada pessoa contribua com a empresa conforme o que seu próprio perfil tem a oferecer e as maneiras como pode ter suas aptidões desenvolvidas.

No início, dividimos as funções, mas tudo foi feito de modo intuitivo, sem o conhecimento que temos hoje, e tudo se tornou ainda mais difícil pela falta de comunicação. Ela foi sozinha para o financeiro e administrativo, enquanto eu fui sozinho para a produção e o comercial. Nós não conversamos a respeito dessa divisão de funções, não planejamos como poderíamos trabalhar essa conexão, não percebemos que ainda que fôssemos uma empresa pequena, já poderíamos elaborar um organograma e amadurecer a nossa sinergia desde o início.

Provavelmente, quando você ouve falar em profissionalização, pense logo em algo como definição de setores, contratação de RH e gestão, formação de uma equipe qualificada, investimento em estrutura, dentre outros fatores. Porém, há uma série de pequenas coisas que podem ser feitas desde o início: se está começando sozinho, descubra o que já pode sistematizar e padronizar enquanto desenvolve o seu trabalho; pense no diferencial que pode deixar associado à sua marca no mercado; olhe para a concorrência e avalie o que pode ser absorvido dela como positivo e o que pode ser melhorado... Tudo isso já conta muito!

Pensar e agir dessa forma é fazer o seu melhor enquanto não pode fazer melhor ainda.

A profissionalização se inicia no conhecimento e na postura do empreendedor com relação ao seu próprio negócio.

Capítulo 7 | Profissionalização da empresa

Empresa: ambiente de aprendizado contínuo

Atualmente, temos nossos valores bem definidos dentro da empresa e um deles chamamos de melhoria contínua. Reforçamos bastante esse conceito em nosso ambiente corporativo, porque dessa forma ativamos a mente dos nossos colaboradores para a evolução constante. Evidentemente, esse reforço não é feito simplesmente como um mantra ou grito de guerra que repetimos com a equipe antes do expediente. Ele acontece em reuniões organizadas regularmente com as equipes de gestão, nas quais discutimos melhorias para manter essa constância na evolução.

Nas discussões, não deixamos as melhorias apenas no campo das ideias. Geramos um plano de ação no qual os gestores que estejam com conhecimento limitado em um nível de 1 a 2 precisam evoluir para o nível de 2 a 3, enquanto os que já estão no nível de 2 a 3 evoluem para o nível de 3 a 4, e assim por diante. Essa cadeia de crescimento faz com que gestores busquem aprender cada vez mais, estudando até mesmo conteúdo fora da nossa rotina.

Todos os dias, vivenciamos esse processo de aprendizado e já enxergamos seus resultados na melhoria contínua como um todo. Se no passado eu fui um garoto com sérias dificuldades com relação aos estudos, hoje costumo dizer que a maior escola que conheço se chama Vonixx, porque foi o ambiente no qual aprendi grande parte do que sei hoje e também uma instituição que se importa em ensinar a todos que trabalham lá dentro.

Quando firmamos valores focados na melhoria contínua, tiramos nossos colaboradores da zona de conforto e os estimulamos a buscar conhecimento. Dessa forma, as trocas de experiências na empresa são muito positivas! Todos que passam pela Vonixx têm um novo aprendizado. Um exemplo é a nossa gestora de *marketing*, que chegou e foi contratada sem ter experiência em redes sociais. Eu destaquei que esse conhecimento seria essencial para a função e ela, para não perder a vaga, passou por uma boa formação na área. Hoje ela é *expert* no assunto e nós ficamos muito felizes em saber que temos parte em seu crescimento profissional.

165

A fórmula do empreendedorismo

Fortalecendo a cultura em meio ao aprendizado

Vale lembrar que, como empreendedor, o dono do negócio precisa participar desse processo de aprendizado, mas também é importante que essa evolução não afete a identidade e a cultura que ele mesmo busca implantar. Para haver segurança nesse sentido, é preciso que os valores promovidos pela empresa estejam bem claros e firmados.

No caso da Vonixx, todas as pessoas que contratamos – seja para trabalhar sob a nossa liderança ou para desenvolver uma consultoria dentro da empresa – são bem-informados a respeito da nossa cultura corporativa e de negócios. Sendo assim, o colaborador ou parceiro já compreende que, para trabalhar conosco, tem que estar de acordo com os nossos valores, que acomodam inovações e evolução sem negociar certos princípios.

Em nome dessa clareza, perguntamos logo no início: "Você está dentro desses valores?" Se a resposta for positiva, seguimos em frente. Se for negativa, evitamos o desgaste da perda de tempo e energia e a dispensamos.

E quem valida essa cultura diariamente dentro da empresa não somos apenas eu e Milena, mas principalmente os gestores. Esse é um grande desafio, pois, à medida que vamos crescendo, corremos o risco de perder proximidade e engajamento, e esse "afastamento" prejudica o fortalecimento da cultura. Por essa razão, cuidamos de manter a cultura sempre presente na liderança de cada setor, para que os líderes, por sua vez, fortaleçam a cultura nos colaboradores.

Claramente, essa cadeia não significa que fortalecemos os gestores e negligenciamos a validação da cultura junto aos colaboradores. Com regularidade, precisamos olhar os relatórios, os resultados e identificar com essa liderança onde estamos fortes e onde estamos vulneráveis. Foi pensando nesse acompanhamento cuidadoso que a Milena criou uma rotina de reuniões com os gestores e passou a delegar atividades/metas para os líderes de cada setor. Por sugestão de uma de nossas consultorias, ela deixou o operacional do financeiro e passou a ter mais tempo para manter o controle sobre o crescimento, de maneira que a nossa cultura sempre fosse

166

Capítulo 7 | Profissionalização da empresa

mantida. Com essas reuniões, fortalecemos o nosso engajamento e conseguimos desenvolver nossos pilares para guiar os sistemas, processos, equipe, tecnologias e missão.

O que posso colocar como o principal motivador e balizador desse movimento de aprendizado e fortalecimento da cultura é o nosso valor de melhoria contínua. Afinal, ele não é validado apenas entre os colaboradores, mas primeiramente para mim mesmo e para Milena, que somos donos do negócio. O exemplo começa por nós e é transmitido diretamente aos gestores, e pode ser visto em nossas atitudes em outros momentos.

Penso que, se fosse diferente disso, até mesmo o meu caráter empreendedor estaria em cheque, porque quem se dispõe a empreender, antes de mais nada, precisa estar disposto a aprender. Creio que a semelhança da sonoridade entre um verbo e outro só reforce o quanto eles são próximos.

Afinal de contas, o aprendizado se desenvolve em um ciclo, não somente pelo fato de acontecer diariamente, mas também de que a fonte dos ensinamentos não é apenas os gestores ou os donos do negócio. Nós, como empreendedores, também aprendemos muito com nossos colaboradores e parceiros. A verdade é que todo o processo de profissionalização que as consultorias nos ajudaram a trilhar nos trouxe benefícios que vão muito além da sistematização das operações e da organização do negócio. Ao longo de décadas nos profissionalizando, entendemos que o simples fato de abrir os olhos e colocar a mente para funcionar já pode nos tornar aptos a receber algum aprendizado. As lições podem vir de diversas fontes e cabe a nós saber filtrá-las e alinhá-las ao nosso trabalho, à nossa vida.

> **Uma cultura fortalecida vai muito além de um planejamento estratégico bem-organizado no papel ou em uma bela apresentação digital no telão da sala de reuniões. Esse plano é necessário, porém ele precisa ser viável, possível, palpável.**

A fórmula do empreendedorismo

Diante dessa verdade, eu lhe pergunto: como está a cultura da sua empresa? Ela é prática, vivenciada, ou está só na teoria?

Comece agora! Compreenda a sua cultura, aprimore o seu conhecimento e abra a sua mente para todas as oportunidades de aprendizado que estão à sua volta.

Alfabetização do empreendedor

O processo de profissionalização que vivenciamos nos ensinou muito a respeito de alguns pontos essenciais para qualquer empresa que quer evoluir de maneira sólida e consistente, como a superação e a transformação.

Superação

O empreendedor sempre vai passar por fases ruins, que talvez até pareçam que vão durar para sempre no momento e podem fazer com que ele se sinta no "fundo do poço" em relação aos seus negócios. Mas, se ele não acreditar que tem capacidade de sair dessa situação, infelizmente vai quebrar.

Então, destaco aqui a superação como termo-chave, pois eu mesmo vivenciei momentos bem complicados com relação ao meu negócio, mas em momento nenhum desisti de continuar. Olhei para a frente e pensei "Vou descobrir uma maneira de sair dessa situação" e me superei, fui além das minhas limitações.

> **Superação é a capacidade de transformar um momento ruim em uma pequena fase a ser deixada no passado.**

Transformação

Enquanto destaquei a capacidade de superar dificuldades, também destaco o termo transformação como um complemento. Durante toda a minha vida, após superar uma dificuldade, busquei tirar o aprendizado daquele momento e aplicá-lo como conhecimento, como experiência. Se o momento ruim se torna uma fase, ele também pode ser transformado em oportunidade.

A transformação traz novas ideias, novos conceitos, novos horizontes, amplia a nossa visão. Por esses e outros motivos entendo que ela é um elemento essencial na linguagem e na realidade do empreendedor.

Referenciais no empreendedorismo

Já que falamos em superação e capacidade de se reinventar e se profissionalizar desde cedo, cito como um referencial de empreendedorismo o empresário Flávio Augusto, fundador da escola de idiomas Wise Up (entre outros negócios).

Certamente, o seu histórico de superação, criatividade e dedicação como empreendedor o posicionou como um destaque do mercado brasileiro, chegando até a inspirar muitos outros jovens a iniciarem suas próprias empresas.

Flávio nasceu na periferia do Rio de Janeiro e, apesar de não ter uma formação acadêmica diferenciada – pois estudou em colégios públicos na maior parte de sua vida escolar – sempre teve autoconfiança, de modo que abandonou seus estudos na universidade para se dedicar de modo integral ao seu trabalho, com a intenção de crescer profissionalmente.

O mais curioso é que, na época em que decidiu se dedicar mais ao trabalho, havia sido contratado por uma escola de inglês do

A fórmula do empreendedorismo

seu bairro, recebendo um baixo salário e quase nenhum benefício. Além disso, Flávio também não tinha qualquer proficiência no idioma estrangeiro. Mas nenhum desses fatores o intimidou. Em pouco tempo, ele foi promovido a gerente da unidade e, mesmo sem saber falar inglês, decidiu investir nesse segmento de mercado.

Então, aos 23 anos de idade, Flávio fundou o curso de idiomas Wise Up, que se tornou bem atrativo aos novos alunos devido à metodologia inovadora que ele mesmo havia desenvolvido e patenteado. O ensino era ministrado de modo ágil e prometia que, com o método, os estudantes desenvolveriam um inglês fluente em apenas 18 meses.

O crescimento da empresa foi um fenômeno e hoje já existem mais de 500 filiais espalhadas pelo país e no exterior.

A fórmula do casal empreendedor

Se tem uma qualidade que eu e Paulo soubemos desenvolver juntos é a humildade de reconhecer quando "Não temos conhecimento sobre esse assunto, então vamos buscar ajuda". Penso que essa postura diante do desconhecido foi um ponto muito positivo, pois se um de nós dois reagisse com resistência à possibilidade de procurar auxílio, o nosso processo de profissionalização teria se atrasado consideravelmente. Sendo assim, com a chegada de cada consultoria, percebi que um universo inteiro de informações e possibilidades se revelava diante de mim. Aprendi a contratar com muito mais foco estratégico, amadureci a minha forma de fazer gestão e confirmei que havia um lugar para mim na empresa, que eu não ocuparia por mera obrigação, mas sim por prazer de atuar nele: a gestão.

Capítulo 7 | Profissionalização da empresa

Sempre fui apaixonada por lidar com pessoas e o aprendizado a respeito dos perfis comportamentais fez que a gestão fizesse muito mais sentido para mim: descobri o quanto seria importante dar aos nossos colaboradores a noção de o quanto eles podem crescer conosco.

Se vou contratar um coordenador, por exemplo, antes de buscar fora da empresa, sei que tenho muitas possibilidades dentro da própria Vonixx, devido à escola que desenvolvemos e ao estímulo que damos aos nossos colaboradores com relação ao valor de melhoria contínua. Sendo assim, quem começou com a gente tem muita chance de ser promovido e seguir aprendendo cada vez mais.

Por essa razão, entendo que a profissionalização não nos trouxe simplesmente uma noção de que somos superiores pela padronização, organização e conhecimento, mas sim de que é preciso ter critérios para a contratação e que é importante investir no preparo dos colaboradores, primeiramente pelo desenvolvimento pessoal deles e depois pelo profissional. Além disso, entender que diferentes perfis de comportamento não necessariamente geram conflitos, mas podem enriquecer um negócio, também só me incentivou a buscar uma equipe cada vez mais diversificada.

Sei que a tendência de muitos empreendedores e gestores é contratar pessoas com base na identificação pessoal, mas isso acaba não sendo tão bom para o negócio porque limita a visão da empresa. Afinal, que pense igual a mim, já basta eu! A salada só fica boa de verdade se estiver bem variada.

Milena Mota Maia Nobre

Capítulo 8

DELEGAR PARA CRESCER

A importância da setorização empresarial intraempreendedora, enquanto mantém suas várias conexões internas e externas.

"Nós somos teimosos em visão, mas somos flexíveis em detalhes. Se você não for teimoso, acabará desistindo das experiências muito cedo. E se você não for flexível, acabará por bater a cabeça na parede e não vai encontrar uma solução diferente para um problema."

Jeff Bezos
(empresário norte-americano, fundador da Amazon)

Capítulo 8

onfesso que, quando eu e Milena iniciamos a setorização da nossa empresa, nem sequer sabíamos o que isso significava ou quais seriam as implicações desse processo. Na verdade, eu era um empreendedor centralizador e tinha resistência à ideia. Quando se falava no assunto, o primeiro sentimento que tinha era de insegurança de delegar qualquer função administrativa. Porém, desde o começo sempre gostamos de contar com o apoio das consultorias para nos orientar, pois nossa visão de mundo era mais focada na empresa e um ponto de vista externo nos ajudava a ampliar os horizontes.

Quando os consultores fizeram uma análise geral da fábrica e compreenderam melhor a situação do nosso negócio, ficaram um tanto alarmados com o fato de ainda centralizarmos tanto o gerenciamento em nossas mãos.

— Vocês já têm pessoas na produção, na logística, em outros setores e ainda são vocês dois quem gerenciam todas essas equipes?

— Isso mesmo! – respondemos.

— Mas como é que vocês dão conta de tudo isso?

Bem, obviamente a pergunta deles era retórica. Com a experiência que tinham em gestão, já sabiam que não conseguíamos gerir tudo e nos desgastávamos, tanto pelo acúmulo de funções quanto pela frustração de não conseguir corresponder às demandas internas da empresa. A verdade é que insistíamos em sustentar a ideia de um "faz de conta", na qual pensávamos que tudo estava sob controle e, por essa razão, não queríamos a descentralização.

Foi então que os consultores analisaram o cenário por completo, mostraram-nos diversas falhas de gestão e nos alertaram: "Vocês terão de contratar (de fora ou promover alguém já de dentro) gestores para coordenarem cada setor da empresa". Não havia como argumentarmos contra os fatos e, assim, começamos aos poucos.

Delegar não é "delargar"

Contratamos inicialmente a gestão do nosso setor comercial, depois um gestor industrial e um gestor administrativo, Eugênio Lima. Dessa forma, percebemos que muito da sobrecarga que sentíamos estava se aliviando. Afinal, a pessoa que estava cuidando do comercial estava focada apenas em fazer esse setor trabalhar; quem estava gerindo o industrial também me permitia delegar a administração desse setor, que, na época, também cobriu a área de logística da empresa, com alguma confiança; e quem assumiu o administrativo nos permitiu focar muito mais (e com qualidade) nas estratégias para alavancar o crescimento do negócio.

Creio que um dos maiores erros do empreendedor é justamente a centralização da administração em suas próprias mãos, uma medida que trava o crescimento do negócio, além de sobrecarregar o empresário.

Na época em que eu centralizava todo o comando da empresa nas minhas mãos, acreditava que a estava protegendo. Mas quando comecei a descentralizar aos poucos, sobrou-me mais tempo para pensar nas estratégias.

A fórmula do empreendedorismo

Somente depois que deixei de ser centralizador foi que percebi que estava em uma verdadeira lata de sardinha, sufocado, engolido pelas demandas do operacional e outras funções administrativas totalmente delegáveis. Quando passei a descentralizar, foi como se ganhasse asas para sobrevoar minha empresa e ter uma visão panorâmica do todo. Sendo assim, se um dos maiores erros do empreendedor é centralizar o comando de seu negócio, o maior acerto é justamente o de delegar. É nesse ponto que gosto sempre de lembrar que delegar não é mesmo que "delargar". Vejo muitos empresários que sonham com o momento de delegar funções para focar em questões mais estratégicas de seus negócios, mas a questão é que tirar a mão do operacional não significa tirar também os olhos desses processos.

Reafirmando, delegar volta ao desafio de entregar funções às pessoas certas nos lugares certos, com isso certamente você verá seu negócio crescer, exatamente pelo fato de que está acompanhando esse avanço. Porém, se "delargar" – simplesmente entregando o setor por completo nas mãos do gestor – e o fizer com a pessoa errada, irá quebrar.

Sempre que toco neste assunto, acabo chegando a um ponto que pode ser um tanto doloroso para muitos empresários: não contrate ou promova por afinidade! Vejo muitos donos de negócio contratando gestores sem critérios técnicos e tal medida pode ser muito prejudicial para a empresa, porque contratam um parente que está precisando ou um colaborador porque "gostam do jeito" da pessoa, mas esse novato não tem qualquer qualificação técnica ou até mesmo o perfil adequado para assumir a função em questão.

Não estou dizendo que é errado contratar pessoas da família ou amigos, porém o critério de avaliação precisa estar bem definido e tem de ser baseado na avaliação técnica e conduta do novo contratado.

O fato é que, quando o dono da empresa faz a contratação movido apenas pela emoção – seja pela vontade de ajudar ou por sua afinidade com a pessoa – provavelmente se sentirá frustrado ou relutante em demitir o contratado, caso ele não corresponda à necessidade da empresa, porque a contratação já foi decidida pela motivação errada.

Capítulo 8 | Delegar para crescer

A ordem dos setores altera o produto

A importância da contratação de um gestor competente e de boa conduta é evidente para todos os setores das empresas, porém tal afirmação não implica dizer que todos os setores devem ser atendidos simultaneamente. É como pensar em um carro, que tem elementos básicos para seu funcionamento, como motor, lataria, pneus e estofados, e alguns que não são tão essenciais, mas fazem a diferença em questões de conforto e praticidade, como central multimídia, sensor de estacionamento, ar-condicionado digital, bagageiro etc.

No caso dos setores das empresas, entendo que o setor primordial é o comercial. Não há como qualquer negócio se sustentar sem as vendas. São elas que mantêm a entrada de dinheiro e é a partir delas que todas as outras áreas podem se organizar, porque há condições financeiras para tanto.

Vale deixar bem firmado que não estou menosprezando os outros setores – afinal, por mais que entre muito dinheiro na empresa, se não houver um setor financeiro para colocar todo esse faturamento em ordem, por exemplo, a empresa também pode quebrar. Porém, sem dúvida alguma, comercial é o que dá origem a tudo, é onde todo negócio se inicia: nas vendas! Nesta escala, com a minha visão atual de negócios, vejo que o segundo setor mais importante para uma empresa é o de *marketing*, porque ele gera posicionamento no mercado e potencializa assim as vendas, dando ainda mais condições e base para que os outros setores comecem a amadurecer e se solidificar.

Em terceiro lugar, coloco a indústria, pois, à medida que as vendas se potencializam, a demanda aumenta e a produção também precisa atender a esse volume de procura do mercado, tanto em quantidade quanto em qualidade.

Já em quarto lugar, cito o setor financeiro, porque o aumento das vendas gera mais demanda e assim começa um ciclo de crescimento que exige também organização das finanças, pois a empresa precisará comprar mais insumos para elevar a produção – lembrando, claro, que essa ordem dos setores é apenas minha opinião!

A fórmula do empreendedorismo

No final das contas, um setor acaba sempre dependendo do outro, uma vez que é o RH que contrata, o comercial que gera as demandas, a produção que entrega o produto e por aí vai...

Gestão = emocional + racional

Apesar de essa escala indicar uma ordem normal dos setores, desde os mais básicos até os que se estabilizam ao longo do crescimento da empresa, preciso reconhecer como empreendedor que é comum que haja o "setor queridinho", a depender do dono do negócio.

No meu caso, sempre tive mais afinidade – e tenho até hoje – com a área comercial e também com a indústria. Bem, tal inclinação como empresário por determinado setor é natural, até mesmo porque, mesmo sendo fundador, não deixo de ter o meu próprio perfil dentro da organização. Porém, foi preciso desenvolver maturidade para que essa afinidade não prejudicasse o crescimento.

Com a visão que tenho hoje, consigo sustentar a minha afinidade pelos setores comercial e industrial de modo saudável, mas foi preciso entender que essa relação não pode se sobrepor àquela construída com outros setores e também que meus "queridinhos" não podem receber a minha dedicação em detrimento das outras áreas.

Hoje, entendo ainda mais que devo me dedicar à área estratégica da empresa, atuando junto ao *marketing* e ao desenvolvimento dos produtos, pois descobri onde está o meu talento. Logicamente, a parte comercial também se relaciona bem com esse meu novo posicionamento, mas ele agora não é tão envolvido no operacional do comercial, e sim na estratégia.

Enquanto trabalho mais focado nas áreas de crescimento, como *Marketing* e Comercial – que geralmente chamo de "ataque" –, posso contar com a competência da Milena para cuidar das áreas de retaguarda, como Administrativo, Processos e Financeiro, acompanhando os gestores desses setores.

A questão é que o empreendedor tem que aprender a lidar com o negócio, separando o emocional do racional, tanto internamente

Capítulo 8 | Delegar para crescer

(com relação a cada setor) quanto externamente (com relação aos clientes e o mercado). Então, apesar de o emocional ter grande importância para o dono do negócio como um fator motivacional, também é de extrema importância que, diante de cada decisão, ele coloque sempre o racional para trabalhar.

Uma dica é perguntar-se frequentemente:

1. **O meu colaborador/gestor X é muito legal, "desenrolado", mas está desempenhando um bom trabalho na empresa? Está cumprindo prazos? Entregando os relatórios? Respeitando os nossos valores? Batendo metas?**

2. **O meu cliente Y nos trata muito bem e temos muito carinho por ele, mas ele nos paga em dia? Compra sempre de nós? Dá-nos preferência diante dos outros fornecedores?**

3. **O mercado está em baixa no momento, mas o que eu tenho nas mãos agora para melhorar essa situação? Posso inovar no marketing? Posso descobrir se há uma nova necessidade que venhamos a suprir?**

Empreender envolve muita adrenalina, velocidade e intensidade, mas, se não houver controle emocional, todo o sonho de alcançar o sucesso com o negócio pode ser destruído.

É como um piloto de Fórmula 1 que entra com seu carro na pista de corrida apenas com a vontade de vencer. Ela é importante, mas não é o suficiente. É preciso ter conhecimento técnico, prática, conhecer o carro e, acima de tudo, muito controle emocional, porque a corrida é intensa. Caso contrário, a velocidade se torna o perigo e não a forma de avançar.

Lembro-me bem de situações que vivenciei dentro da empresa que ilustram bem a questão do equilíbrio entre emoção e razão na gestão. Como tenho grande afinidade com o setor comercial, tendo naturalmente a dar bastante atenção a algumas reclamações

A fórmula do empreendedorismo

vindas desse grupo e as considero como verdade, sem antes avaliar o contexto em redor. Porém, para evitar conclusões precipitadas e decisões equivocadas, preciso também ativar o meu racional e refletir com a equipe diante dos problemas relatados:

1. **O que aconteceu?**
2. **Quantas vezes isso aconteceu?**
3. **Com quantos clientes isso aconteceu?**
4. **Vale a pena mudar todo o processo para se adaptar a um cliente ou dois?**
5. **Se vale, então vamos trocar. Se não vale, o consumidor tem que entender que agora não é possível.**

Se um colaborador vem apresentando um rendimento insatisfatório há algumas semanas, por exemplo, é o caso de a gestão ligar o emocional para buscar entender o que está acontecendo, se há alguma questão pessoal interferindo em seu trabalho, mas também não se pode negligenciar o racional, de maneira que não se estabeleça um prazo para que a situação se resolva.

Entendo que seja natural do ser humano passar por maus momentos, mas reconhecer essa realidade não implica simplesmente aceitá-la e não buscar solução. Por essa razão, a empresa precisa estabelecer políticas que prevejam tais cenários, para que o procedimento seja padronizado e ninguém seja privilegiado em detrimento de outros.

> **A melhor medida para levar o dono do negócio a manter o controle emocional é a conscientização de que ele não "manda" na própria empresa.**

O empreendedor precisa entender que, muitas vezes, a necessidade da empresa está acima da vontade dele como dono do negócio. Sen-

Capítulo 8 | Delegar para crescer

do assim, o que vale é o que a organização precisa no momento e não o que ele quer. Obviamente, é possível – e tão importante quanto – que o planejamento estratégico tenha a visão do dono, mas a medida de pensar, elaborar, colocar no papel e padronizar é essencial para que ele não seja "traído" pelo emocional em qualquer situação.

Logo, ele pode até estabelecer uma meta – por exemplo, começar a vender para outros países dentro de cinco anos –, mas, a partir desse objetivo oficialmente estabelecido, as estratégias serão montadas e as decisões serão baseadas no planejamento, bem como nas necessidades que a empresa apresentar ao longo dessa jornada, e não mais apenas nas vontades do dono. Afinal, a mente empreendedora é inquieta, muda bastante, e o plano é a melhor forma de manter o foco e evitar desvios de atenção que possam atrasar o cronograma.

Ao longo dessa jornada, muitas vezes será preciso tomar decisões bastante dolorosas para o dono, como demitir um gestor/colaborador antigo da empresa pelo qual o empresário tem muito apreço pessoalmente. E tal decisão não é tomada porque o patrão está menosprezando o histórico da pessoa dentro da organização, mas sim porque ela não está alinhada à dinâmica e ao propósito da empresa ou não está gerando mais os resultados de que precisa.

Vejo empresários que cometem a ingerência de se sobrepor ao planejamento e à gestão da própria empresa, simplesmente para favorecer suas próprias preferências e mostrar "quem é que manda no negócio". Essa postura arbitrária pode levar a empresa à ruína, porque esse empreendedor está se expondo sempre ao seu descontrole emocional.

> **O compromisso do empreendedor é com o crescimento do negócio e não com um setor específico, seu sócio ou com suas próprias vontades.**

Se tenho uma ideia para levar a minha empresa para outro patamar, devo apresentá-la à gestão administrativa para que a proposta seja devidamente avaliada e aprovada. Caso haja aprovação, se-

A fórmula do empreendedorismo

guimos elaborando a estratégia juntos. Caso seja reprovada, posso aceitar a negativa ou, com base na argumentação da gestão para reprová-la, posso reformular a proposta e apresentá-la novamente. Por outro lado, se a ideia tiver como objetivo me elevar a outro patamar individualmente – no que também não vejo problema algum – não é o caso de apresentá-la à empresa e sim desenvolvê-la como meu projeto pessoal.

Empresa: um organismo vivo

Hoje temos gestores para todas as áreas, coordenando o trabalho de supervisores, que acompanham o trabalho de colaboradores em cada setor. É como uma pirâmide onde os diretores estão no topo – no caso da nossa empresa, eu e Milena – disseminando uma cultura, uma linguagem padronizada, para que ela chegue até a base operacional e alcance toda a equipe efetivamente. Essa comunicação ocorre de maneira dinâmica, objetiva e prática, por meio de conversas, treinamentos, processos implementares, reforço dos nossos valores etc. Assim, como diretores, conseguimos hoje ter menos trabalho.

A grande sacada da setorização é justamente acreditar no retorno que ela pode dar. Todo o processo envolveu muito trabalho e dedicação da nossa parte como empresários e da parte de toda a equipe, mas a verdade é que, mesmo com centenas de colaboradores e atendendo a uma demanda incomparavelmente maior do que anos atrás, sentimo-nos menos sobrecarregados do que quando tínhamos apenas cinco funcionários. E esse fator não aponta para um cenário de menos trabalho, simplesmente, mas sim de organização. Atualmente, eu e Milena estamos bem mais focados nas estratégias de nosso negócio, mas só conseguimos proceder dessa forma porque pudemos delegar todo o operacional e diversas funções administrativas.

Toda essa dedicação ao estratégico, bem como o acompanhamento da gestão do negócio com base em um planejamento não me leva a pensar que tudo seja previsível.

Capítulo 8 | Delegar para crescer

Uma empresa é formada por pessoas e não somente por máquinas. Por essa razão, o negócio também se torna um organismo vivo, com grande capacidade de adaptação, mas também com imprevistos ao longo da jornada, que precisam ser avaliados, remediados e ajustados, mas jamais menosprezados, pois fazem parte da "vida" da empresa.

É justamente por conhecer e respeitar essa vida que desenvolvemos formas eficazes de comunicação com nossos colaboradores, de modo que possamos não apenas organizar, mas também potencializar seus resultados, tanto como equipe quanto individualmente, em seu crescimento profissional. Prova dessas medidas é a própria criação da UniVonixx, que visa ensinar os novos contratados a respeito dos processos adotados em cada setor, melhorar a integração e o engajamento deles dentro da sua função e levá-los a entender o propósito da empresa. Nossa comunicação é inspirada no poder da conexão aliado à técnica e ao propósito. E, se compreendermos a empresa como um organismo vivo, a ilustração faz ainda mais sentido quando entendemos que, assim como o corpo precisa de certas pausas durante uma caminhada para se hidratar, alimentar-se e descansar, os colaboradores também precisam parar em alguns momentos a fim de reavaliar estratégias da equipe, celebrar as conquistas e ter tempo para si mesmos.

Temos alguns colaboradores em nossa empresa que tendem a exagerar na dedicação ao trabalho: levam muitas demandas para resolver em casa ou até mesmo se mudam para uma casa ou apartamento nas redondezas da fábrica para ficar até mais tarde trabalhando em diversos dias. Bem, eu valido a vontade que eles têm de fazer dar certo e de entregar cada vez mais pelo negócio, mas também entendo que todos nós precisamos respeitar nossos limites físicos e psicológicos.

Da mesma forma que contratamos gestores experientes para tirar a sobrecarga dos nossos ombros e possibilitar crescimento, também devemos ter em mente que, se nossos colaboradores estiverem muito sobrecarregados e negligenciando cuidados com sua saúde, não estarão bem para entregar os resultados esperados, nem mesmo motivados a continuar.

A fórmula do empreendedorismo

O crescimento humano também tem suas fases "imprevisíveis", que exigem reajustes e aprendizados. É comum, por exemplo, quando um pré-adolescente cresce rapidamente, ficar um tanto "desastrado", simplesmente porque ainda não está acostumado a se movimentar com um corpo daquele tamanho. Assim também ocorre com uma empresa, que apresenta alguma desorganização em certos momentos de sua expansão. O empreendedor precisa estar ciente de que o problema não está no fato de essa "bagunça" ocorrer de vez em quando, mas sim na passividade que permite que a desorganização se mantenha. Sendo assim, insisto em afirmar que, mesmo em meio a esses desajustes pontuais que resultam do crescimento, é possível evitar que a bagunça generalizada se instale definitivamente. E a medida para conseguir manter uma progressão é justamente a de estabelecer processos bem definidos, como uma comunicação clara e um sistema de gestão que atenda às necessidades do negócio e seja seguido à risca.

Quando uma empresa tem processos bem definidos, mesmo que ela se expanda, há uma base para evitar que suas estruturas sejam abaladas.

Como exemplo de um processo bem definido, vamos supor que um auxiliar de serviços gerais tenha determinado, entre suas responsabilidades, apagar todas as luzes do estabelecimento e a central de ar-condicionado antes de ir embora. Bem, não importa se o negócio cresce, muda para um local maior e até mesmo se a equipe de serviços gerais aumenta, tal tarefa irá sempre constar na descrição do cargo dele.

Pode parecer um detalhe "insignificante" de se definir em processos de cargos, mas a organização ocorre também nas pequenas coisas. Quando apenas um detalhe está fora de ordem, é fácil administrá-lo; porém, quando há milhares de detalhes fora de ordem, esse cenário exige muito tempo e trabalho para ser organizado.

Vejo muitos empresários usando a ideia de respeitar a empresa como um organismo vivo – que é real – de maneira distorcida, para

Capítulo 8 | Delegar para crescer

justificar sua resistência em organizar os processos. Alguns deles dizem: "Eu comando o meu negócio pelo *feeling*, sempre buscando ver no que vai dar". Outros dizem que não têm tempo para sentar e definir os processos.

A verdade é que esse comando intuitivo pode dar alguns bons resultados até certo ponto; afinal, empreendedorismo também se faz com intuição, mas não somente com ela. Certamente, em algum ponto dessa jornada guiada pelo *feeling* do dono, a falta de processos definidos vai trazer sofrimento, porque ele se sentirá perdido. É como trilhar um caminho desconhecido sem um roteiro. Não é possível saber o quanto já caminhou, quanto ainda falta, qual é o ritmo de caminhada, se já é hora de parar para descansar, beber uma água. Por essa razão, aconselho que o empreendedor separe um tempo para se planejar com sua empresa, ainda que seja um planejamento básico, leve, para iniciar alguns ajustes de curto prazo. É bem verdade que essa decisão pode atrasar algumas de suas operações, mas, em compensação, o crescimento que ocorrer depois dessa definição de processos será muito mais visível, porque foram estabelecidas formas de analisar esse avanço.

Processos definidos permitem um crescimento estruturado da empresa.

Vivendo em um mundo incerto, volátil e complexo

Vale lembrar que a definição de processos não blinda uma empresa, mas a ajuda a se manter nesse mundo atual, incerto, volátil e complexo. Diante dessa realidade, as empresas precisam ter muita voracidade.

Se olharmos para um gigante como o Instagram, com cerca de 13 funcionários diretos no início e um valor chegando à casa dos 10 dígitos, percebemos que ele rapidamente engoliu empresas que tinham décadas de mercado no campo da comunicação e milhares de funcionários. O que quero dizer com isso? Que o empreendedor não pode jamais tirar os olhos desses dois pontos essenciais: velocidade e organização. A plataforma de rede social aqui citada não chegou

A fórmula do empreendedorismo

ao patamar que está hoje somente definindo processos ou apenas pisando no acelerador. Ela considerou que desajustes acontecem, mas também devem ser reajustados para não atrapalhar a corrida.

Pessoalmente, não me considero um planejador e sim um executor. Tenho o perfil que tende a se importar mais com o fazer acontecer do que focar no preparo da execução em si. Mas acabei entendendo que o planejamento é muito importante, porque ele me ajudou a traçar rotas – que até foram alteradas em algum ponto ou outro – que me deram norte e me ajudaram a me situar na trajetória.

O meu planejamento não se iniciou logo com uma projeção de cinco anos, comecei com uma proposta de prazo menor que me ajudou a conhecer o meu ritmo, bem como o da minha própria empresa. A questão é que a definição de processos e o plano vão nos permitindo delegar, acompanhar com mais clareza o andamento de toda a gestão e nos dando espaço para permanecer mais focados na estratégia. E assim, quando podemos estar 100% na estratégia (ou bem perto disso), já conseguimos nos planejar com uma projeção de crescimento para os próximos três, seis, quem sabe oito anos. Sendo assim, encorajo você, empreendedor, que já iniciou o seu negócio e está faturando com ele, a iniciar seu planejamento a partir de hoje, mesmo que ainda de curto prazo, pois suas vendas já acontecem e o melhor momento para organizar a casa é quando ela ainda tem poucos móveis. Se o seu negócio ainda está em fase de crescimento, tentando se estabilizar, este é o melhor momento para investir na definição de processos.

À medida que seu crescimento ocorrer de modo organizado, comece a pensar na contratação de gestores – ou promoção de colaboradores a este cargo – porque delegar funções administrativas a profissionais responsáveis e preparados é uma decisão que tem um poder tão grande de gerar bons resultados que afirmo que parece "mágica"!

Intraempreendedorismo: o espírito de dono

Se, para delegar com segurança, é preciso acertar na contratação de gestores, uma característica essencial a ser considerada é o in-

Capítulo 8 | Delegar para crescer

traempreendedorismo, que leva as pessoas a enxergarem seu setor como sua própria empresa e a abraçar sua função como uma verdadeira missão! Por isso, nossas contratações são criteriosas ao evidenciar a real motivação do candidato à vaga, como ele se imagina crescendo dentro da empresa, se os seus valores estão de acordo com os da Vonixx, qual sua habilidade de coordenar uma equipe, entre outras questões.

Falando como empreendedor de um negócio já com bastante projeção no mercado, se estou entrevistando um candidato que não conhece a Vonixx, que não sabe qual nossa área de atuação, que nem mesmo se deu ao trabalho de acessar o nosso site para saber mais sobre nós, essa pessoa já me dá sinais de que não quer trabalhar conosco, e sim com qualquer empresa que lhe dê um salário.

Estou à procura de pessoas que apresentem motivação em estar conosco, seja porque se identificaram com o nosso negócio, ou porque têm vontade de trabalhar na área – e tal intenção já se manifesta na atitude de procurar nos conhecer antes mesmo de iniciar o processo de seleção com a equipe de Recursos Humanos. Não estou dizendo que quero contratar apenas "fãs" da nossa empresa, mas sim pessoas comprometidas com o trabalho e cujo comprometimento se revele em detalhes, como o cuidado de se informar, de prezar pela pontualidade, de buscar uma boa apresentação visual, atualizar o currículo.

Quando recebemos pessoas comprometidas, há uma maior possibilidade de desenvolvermos nelas o intraempreendedorismo, de nos conectarmos mais com elas e assim conseguirmos fortalecer um engajamento para que olhem cada vez mais para o seu setor como sendo sua própria empresa. Profissionais que desenvolvem tal característica tendem a crescer muito mais e, obviamente, levar junto com eles nesse crescimento a empresa onde trabalham.

O gestor que carrega consigo o espírito de dono só tende a crescer porque tem autorresponsabilidade, iniciativa e proatividade.

A fórmula do empreendedorismo

Ele entende que, por mais que o comando maior venha do dono da empresa, a responsabilidade de fazer acontecer está em suas mãos. Por essa razão, considero que cada setor precisa ter um intraempreendedor em seu comando direto, porque isso permite muito mais autonomia àquela equipe e aumenta as possibilidades de crescimento do próprio setor.

Evidentemente, além de olhar com espírito de dono para dentro do setor, o bom gestor também precisa entender que os setores têm de manter uma boa relação para preservar a sinergia e fazer o negócio crescer como um todo. Afinal, por mais que tenha uma pessoa com visão empreendedora dentro do setor financeiro, por exemplo, se ela não entender que precisa ter uma boa relação com o comercial, a empresa pode ter o seu crescimento travado ou até mesmo regredir graças a um problema de comunicação.

Verticalização: posicionamento essencial

Além de termos gestores com o intraempreendedorismo em desenvolvimento, também precisamos passar por um processo de verticalização da empresa durante sua setorização. Nesse sistema, eu e Milena ficamos no topo do triângulo, de onde, como diretores, temos uma visão em 360° do negócio, enxergando não apenas a parte interna, mas também mercado, concorrência e o cenário onde estamos inseridos como um todo.

Mais abaixo no triângulo, estão os gestores de cada setor, supervisionando as operações, acompanhando os processos e registrando tudo – sejam resultados positivos ou negativos, avanços ou entraves – para prestar contas conosco regularmente.

Logo mais abaixo, estão os colaboradores, que ficam responsáveis por colocar em prática todo o operacional planejado e os processos definidos para cada setor.

A verticalização é bem mais do que um posicionamento para definir "quem manda" e "quem obedece". Ela não se refere a um sistema arbitrário, no qual o chão de fábrica simplesmente segue ordens sem questionar, mas sim um entendimento coletivo de

Capítulo 8 | Delegar para crescer

que uma equipe é formada por líderes e liderados e que cada um tem seu papel para fazer a engrenagem girar com velocidade e controle. Afinal, a ideia rasa de que o dono "manda no negócio e está resolvido" já não move mais empresa alguma para o sucesso. O fato de estarmos no topo do triângulo e enquanto outras pessoas se encontram abaixo nesse esquema não nos coloca em posição de subjugar qualquer gestor ou colaborador, mas sim de definir papéis e responsabilidades. A prova de que o objetivo da setorização não visa à arbitrariedade entre posições superiores e inferiores pode ser vista, por exemplo, no estímulo que damos aos nossos colaboradores para crescer e no desenvolvimento da UniVonixx, que dá a eles ferramentas por meio do conhecimento para que sejam promovidos dentro da empresa. Sendo assim, muito mais do que simplesmente "mandar", nosso papel nesse cenário verticalizado, assim como o de toda a equipe, é observar e executar os processos definidos no sistema. Ilustrando esse mecanismo, podemos olhar para o funcionamento do nosso próprio negócio, no qual Milena, por exemplo, sempre direciona seus comandos, orientações, ideias, entre outras questões, a cada um dos gestores em seus respectivos setores, que, por vez, comunicam a ordem aos colaboradores, responsáveis por executá-las.

Qualquer questão ligada aos setores – sejam problemas a serem resolvidos ou novas ideias que surgiram dentro deles – deve ser tratada com seus respectivos gestores. Dessa forma, a comunicação segue o processo definido, Milena fica menos sobrecarregada como diretoria, enquanto a autoridade do gestor é reafirmada.

Evidentemente, existem grandes reuniões nas quais eu e Milena falamos para toda a empresa, mas, no cotidiano, essa comunicação segue os processos já definidos, de modo que eu comunico as diretrizes aos gestores, que repassam a informação aos supervisores. Esses processos não nos impedem, como donos, de visualizar nosso negócio. Apenas organizam as informações e nos colocam em uma posição que nos permite focar mais nas estratégias.

Dizem por aí que "o olho do dono é que engorda o boi" e eu concordo com essa frase, talvez de maneira ainda mais literal do que

A fórmula do empreendedorismo

muitos entendem por aí, pois o dito popular cita o olho e não o braço do dono. A decisão de delegar funções e não "delargar" implica justamente a ideia de que vou tirar a mão do operacional, mas não os olhos, e a forma que tenho de mantê-los sobre as operações é recebendo relatórios dos nossos gestores e fazendo visitas regulares aos setores. Tal conceito é bem diferente da mentalidade que eu mesmo tinha antigamente sobre o negócio, que se baseava em uma necessidade de estar literalmente dentro do operacional o tempo todo para garantir que os processos seriam feitos conforme o planejamento. Então, quando concordo que o olho do dono engorda o gado, refiro-me justamente ao acompanhamento dos resultados, da tomada de decisões, e não se sobrecarregando dentro do operacional.

No início do negócio, quando ele ainda é pequeno e o dono precisa cobrar escanteio e correr para o gol a fim de cabecear, até entendo um envolvimento maior do empresário nas operações. Porém, à medida que a empresa cresce, tal desgaste se torna desnecessário. A descentralização é um processo libertador, quando feita de maneira cuidadosa e organizada.

Alfabetização do empreendedor

Creio que, durante a abordagem do tema "delegar para crescer", talvez seja inevitável vir à sua mente a ideia de divisão. Porém, é preciso deixar claro que o processo de estabelecimento dos setores não implica meramente em dividir, e sim em organizar. Por essa razão, reforço dois pontos essenciais para a criação e o desenvolvimento dos setores.

Unidade

Apesar de dar uma impressão de "divisão", o sucesso da setorização anda de mãos dadas com a união e o engajamento da equipe como um todo. Essa visão precisa estar na mente do empreendedor, pois não basta ter estratégia e processos bem definidos. Se o grupo não estiver olhando em conjunto para a mesma direção, entendendo que cada um tem um papel essencial nessa jornada, não há como ter bons resultados. É aí que entra a cultura da empresa, como um norte que aponta o caminho que todos devem seguir e as maneiras de percorrê-lo.

Vestir a camisa

Bem, se a unidade tem grande importância para o sucesso da setorização, os bons resultados do processo também dependem da dedicação de membro do grupo. Nada destoa mais do que um colaborador sem comprometimento. E tal postura se instala como parte da cultura da empresa a partir do exemplo do próprio empreendedor, que acredita no próprio negócio e evidencia esse fato todos os dias para a sua equipe. O bom colaborador é um intraempreendedor, que entende seu setor como sua própria empresa. É preciso vestir a camisa, mesmo que prestando atenção nos limites para evitar desgastes na saúde e na motivação.

Referenciais no empreendedorismo

Enquanto alguns dizem que não têm tempo para se organizar e preferem seguir apenas com o *feeling*, vejo verdadeiros mestres do empreendedorismo fazendo história enquanto dão um verdadeiro curso dessa prática. Um grande exemplo dessa verdade, para mim, é o empresário e comunicador Silvio Santos.

Durante décadas, Silvio Santos se manteve relevante – e ainda ocupa tal lugar de valor – no entretenimento brasileiro, chegando aos lares de milhões de famílias por meio de sua emissora de televisão, o SBT.

A fórmula do empreendedorismo

Além de apresentador, Silvio Santos é uma ótima representação do empreendedor brasileiro, porque – assim como eu – também começou seu negócio com pouquíssimo dinheiro.

Nascido em 12 de dezembro de 1930, Senor Abravanel é filho de imigrantes judeus e começou a trabalhar ainda garoto, como ambulante. Seu primeiro produto a ser comercializado foi um tipo de capa para título de eleitor. Mas a facilidade do garoto para se comunicar já era visível e assim, ainda jovem, começou a apresentar shows, espetáculos e sorteios no circo. Com cerca de 32 anos de idade, estreou o seu primeiro programa na TV Paulista e, no decorrer do tempo, foi aprimorando o formato para se tornar o programa que passou a levar o seu próprio nome artístico, Silvio Santos.

No ano de 1981, o empresário obteve do então presidente João Figueiredo a licença para operar o canal 4 de televisão em São Paulo, que se tornou a TVS de São Paulo e posteriormente viria a se transformar no Sistema Brasileiro de Televisão (SBT).

De vendedor ambulante a multiempresário, Silvio Santos tem claramente um perfil empreendedor, pautado em dedicação e determinação, incansável em sua jornada para chegar ao sucesso.

A fórmula do casal empreendedor

Fazer gestão é um desafio muito grande e, apesar de reconhecer que é preciso ter muita energia e movimento na administração de uma empresa, após entender a importância da definição dos processos, passei a me policiar bem mais para não privilegiar nenhum "setor queridinho" e ativar o modo racional para equilibrar com o emocional.

Por mais que eu mesma tenha trabalhado muito tempo junto ao financeiro e tenha formulado as regras de

Capítulo 8 | Delegar para crescer

lá, por exemplo, procuro vê-lo em nível de igualdade de importância com relação a outros setores quando é necessário tomar decisões.

Do fundo do meu coração, por mais que muitos digam que eu tenha afinidade com setor A ou B, porque já trabalhei em algum deles, busco me desvincular de qualquer possibilidade de privilegiar um setor em detrimento dos outros. Obviamente que posso ter alguma afinidade e facilidade maior em identificar os problemas e resultados, mas jamais vou priorizar qualquer um no momento de decisões estratégicas.

Atualmente, os setores que quero ter cada vez mais próximos a mim são a parte de auditoria de processos e o RH, porque, se eu contratar uma pessoa para elaborar os processos e ela não tiver uma visão ampla do meu negócio, se ela não captar o nosso DNA para preservar dentro da empresa, não conseguiremos avançar.

Quanto ao RH, apesar de já termos definido os perfis que se encaixam com os valores, a visão e a missão da Vonixx, gosto sempre de "investigar" nas contratações as aptidões de cada pessoa e, ao mesmo tempo, garantir que elas compreendam qual é o nosso DNA.

Milena Mota Maia Nobre

Capítulo 9

DA INFORMALIDADE PARA O MUNDO, O TRANSBORDAR

A importância de ampliar a visão empreendedora para além dos muros por meio da exportação.

"O grande risco é não assumir nenhum risco. Em um mundo que muda, de verdade, rapidamente, a única estratégia com garantia de fracasso é não assumir riscos."

*Mark Zuckerberg
(fundador e diretor
executivo do Facebook)*

Capítulo 9

Falando como líder da Vonixx, eu, Milena e nossa equipe sempre quisemos crescer bastante e nos inspirávamos muito nos concorrentes dos Estados Unidos para atingir novos patamares com o nosso negócio. Eu queria fazer produtos em um nível de qualidade internacional ou até mesmo melhor que os importados.

Vi que era possível alcançar esse objetivo após investir em pesquisas e tecnologia dentro da empresa e chegar a algumas fórmulas, principalmente para a nossa cera de carnaúba. Com ela, chegamos a níveis comparáveis ao de fábricas internacionais, que já estavam há mais de 100 anos no mercado.

No ano de 2011, quando percebi que estávamos alcançando um nível superior de qualidade, visualizei que o nosso tão sonhado crescimento estava próximo. "Por que não começamos a exportar? Se já estamos com um produto tão bom, já é hora iniciarmos", pensei. Então, passei a alimentar cada vez mais a ideia na minha mente.

Quando compartilhei a possibilidade com Milena, ela me apoiou, mas, como em toda situação em que nos vemos diante da oportunidade de avançar, sentimos um pouco de medo do que poderia acontecer. "Será que vai dar certo? Será que não vai? Será que é difícil? Será que vale a pena?". O nosso receio não era simplesmente pelo trabalho em si exigido por esse novo avanço – afinal, nunca tivemos medo de trabalho –, mas pelo fato de já termos construído uma boa reputação em campo estadual e nacional e não querermos prejudicar o que conquistamos com um passo marcado por imprudência.

A verdade é que, enquanto os questionamentos rondavam a minha mente, o desejo de levar a Vonixx para fora do Brasil crescia cada dia mais, mas tudo parecia ainda um sonho muito distante.

Na mesma época, havíamos contratado uma equipe de consultoria para estruturar processos internos e, certo dia, trabalhávamos com esses consultores – que ainda não tinham qualquer relação com o Comércio Exterior – e eles realizaram um tipo de dinâmica na qual eu, Milena e nossos gestores tínhamos de criar um grito de guerra para a nossa empresa.

As ideias para esse grito de guerra foram bem variadas. "Vonixx, a melhor do Brasil", um sugeria; "Crescendo com a Vonixx", outra dizia. Enquanto isso, eu me mantinha calado, pensando na minha sugestão, até que me veio à mente como um letreiro luminoso que se acende: "Vonixx, desbravando o mundo!". Na mesma velocidade que a frase me veio à cabeça, ela saiu da minha boca.

Assim que soltei a frase, todos na sala olharam ao mesmo tempo para mim com uma expressão de surpresa ou até mesmo certo espanto.

— É isso mesmo? Desbravar o mundo? – questionou um dos consultores.

— É isso aí! Vamos para cima! É hora de crescer para fora do Brasil!

A fórmula do empreendedorismo

— Rapaz, a proposta é ousada, mas se você está dizendo, vamos acreditar! – respondeu ele.

Tenho uma característica que até hoje carrego comigo: se eu disser para alguém ou um grupo de pessoas que vou conquistar um objetivo, sinto que estou fazendo um compromisso e não vou descansar enquanto não cumprir com minha promessa, nem que seja para não passar a vergonha de não ter conseguido. Então, na mesma hora em que dei essa resposta ao consultor e à minha equipe naquela sala, pensei "Se eu não vender pelo menos um pote de cera para o Paraguai ou outro país vizinho, não vou poder dizer que estou desbravando o mundo".

Creio que a minha resposta afirmativa passou segurança e soou como um incentivo à nossa equipe, que passou a me apoiar. "Então, vamos! Vai dar certo, nós também acreditamos!", eles disseram.

Confesso que, por fora, a minha postura passava total confiança, como se soubesse perfeitamente o que estava fazendo e propondo, mas, por dentro, estava me tremendo de medo. Eu não sabia nem por onde começar o caminho para o Comércio Exterior, mas a promessa já estava feita, não tinha mais como desistir e dar meia volta.

O nosso produto já havia alcançado um nível altíssimo de qualidade; mesmo assim, minha mentalidade ainda estava muito acostumada à realidade de comércio e ao modo operacional brasileiro. Precisava trabalhar minhas pressuposições para cumprir com o compromisso. Então, um pensamento passou a fazer parte do meu cotidiano: "vamos desbravando o mundo". E, de tanto eu colocar essa promessa em mente, passei a buscar caminhos que me levassem a cumpri-la. Comecei a pesquisar informações a respeito do Comércio Exterior, sobre o que era preciso fazer para vender em outros países.

Como eu estava sempre de olho nas oportunidades ao meu redor, comecei a fazer algumas tentativas, mas admito que, como em tantos outros momentos, o caminho não foi nada fácil. Inicialmente, vi que meu irmão estava cursando Comércio Exterior na Unifor (Universidade de Fortaleza) e enxerguei nesse fato uma

Capítulo 9 | Da informalidade para o mundo

boa chance de iniciar a expansão de vendas para outros países. Pedimos orientações a ele e conhecemos uma iniciativa da universidade chamada Nupex (Núcleo de Práticas em Comércio Exterior). Então, montamos um projeto de Comércio Exterior para a nossa empresa, definindo quais países queríamos alcançar, quais produtos queríamos vender, entre outros fatores essenciais e estratégicos. Porém, meu irmão teve a oportunidade de terminar seus estudos na Alemanha e não podia impedi-lo de aproveitar essa chance. Sendo assim, tivemos de montar o setor de Comércio Exterior da empresa novamente.

Contratei pessoas, enviei representantes à Europa para visitar possíveis clientes, tive experiências com colaboradores elaborando estratégias conosco, mas ninguém gerou os resultados que queríamos. Até que, em determinado momento, entendemos que o problema não estava exatamente nas pessoas contratadas e sim na nossa estratégia de apresentação. Queríamos exportar como Vonixx, um nome que até soa bem para outros idiomas, mas todos os nossos rótulos e materiais de divulgação estavam em português – além de fora dos padrões de qualidade internacional. Dessa forma, a venda se tornava mais difícil, porque os clientes no exterior não se animavam em comprar um produto cuja apresentação não compreendiam, assim a embalagem não passava segurança.

Sabíamos da importância de termos rótulos em outros idiomas, mas até mesmo as pessoas que tinham domínio sobre inglês – o segundo idioma mais básico no mercado de trabalho – já haviam saído da empresa.

No ano de 2015, então, fizemos o *rebranding* da nossa marca e passamos a regulamentar nossos produtos direcionados ao Comércio Exterior, reformulando suas embalagens e tudo o que era necessário para uma boa apresentação aos clientes estrangeiros. O trabalho foi muito bem-feito e nos fez perceber que a projeção no mercado exterior era totalmente possível e tinha muito fundamento para nossa empresa.

A fórmula do empreendedorismo

Desbravando com inteligência e organização

É bem verdade que a expressão "desbravando o mundo" continuava sempre em minha mente, mas essa proposta precisava ser estruturada e planejada, ao invés de simplesmente se tornar uma aventura no mercado exterior para "ver no que vai dar". Sabendo disso, fizemos um estudo aprofundado sobre a carnaúba, para apresentar a nossa matéria-prima tão valiosa de modo eficiente no exterior. Esse preparo foi tão cuidadoso e detalhado que demoramos cerca de dois anos desde que pensamos pela primeira vez em participar do Sema Show, até a nossa ida de fato como expositores no evento.

Dentro desse período, reestruturamos melhor o projeto do nosso setor de Comércio Exterior e a volta do meu irmão da Alemanha agregou ainda mais ao planejamento. No ano de 2016, fomos ao evento apenas como visitantes, para nos ambientarmos melhor e, enfim, no ano de 2017, participamos como expositores.

O Sema Show é um evento voltado ao setor automotivo no qual fabricantes do mundo inteiro exibem suas mais recentes inovações e produtos para empresas globais. Estar no evento foi um marco importante para a Vonixx em nossa busca para conseguir desbravar o mundo, mas tenho de reconhecer que os resultados não foram imediatos. Afinal, apesar de estarmos bem-posicionados no mercado nacional, ainda éramos um tanto quanto desconhecidos em âmbito internacional. Porém, no decorrer do evento, sentimos que estávamos lá com uma missão que ia além do nosso papel de representantes da Vonixx: acabamos nos posicionando como a primeira empresa brasileira do nosso ramo, provando para o mundo que o Brasil era capaz de plantar uma semente naquele território, mostrando o quanto nossa cera de carnaúba é valiosa e a qualidade e durabilidade que ela proporciona à cera automotiva.

O nosso primeiro produto com rótulo em inglês foi a Cera Native, com 50% de cera de carnaúba. Nós a colocamos em exposição no Sema Show, o maior evento automobilístico do mundo, porém, infelizmente, não tivemos bons resultados com sua venda.

Capítulo 9 | Da informalidade para o mundo

Mas tivemos a paciência necessária e nos organizamos de maneira que conseguimos introduzir – ainda que de modo não muito ostensivo – a nossa cera automotiva com cera de carnaúba no mercado norte-americano e, em 2018, aconteceu a nossa primeira venda para um cliente dos Estados Unidos. No ano seguinte a essa entrada, percebemos que, além da nossa palmeira nordestina, também poderíamos trabalhar com a sílica, que é bem usada nos Estados Unidos.

A carnaúba é algo que está no nosso DNA, como uma empresa brasileira e, mais especificamente, nordestina.

Mas não conseguiríamos uma entrada tão forte no mercado dos Estados Unidos somente com ela. Então, pensei em uni-la a uma matéria-prima já bem conhecida e aceita por eles. A junção da sílica com a carnaúba foi um sucesso de aceitação, mas as vendas ainda se consolidavam aos poucos.

Eu não poderia apenas acreditar em uma possibilidade de sucesso e esperar que o resultado viesse somente de uma estratégia. Era preciso investir em mais frentes para aumentar as chances de bons retornos e, sabendo disso, continuávamos buscando contatos com empresas estrangeiras, mesmo que as primeiras investidas no Sema Show não dessem o retorno esperado.

Até que, no ano de 2020, entendemos a necessidade de termos os rótulos dos nossos produtos escritos não somente em português e inglês, mas também em espanhol. Quando incluímos esse terceiro idioma nas embalagens e aliamos essa novidade às estratégias que já vínhamos adotando, percebemos que nossas exportações deram um salto significativo e começamos a regularizar de fato as vendas para o exterior, abrangendo, além dos Estados Unidos, também boa parte da Europa, e em alguns anos passamos a atender mais de 30 países.

Nosso crescimento foi gradativo e bem pulverizado, mas cada passo que dávamos no avanço do Comércio Exterior consolidava mais a nossa marca no mercado estrangeiro. Inicialmente, entramos

A fórmula do empreendedorismo

nos países contando com revendedores, mas percebemos que os pedidos ainda eram muito tímidos. Quando entendemos que precisávamos de remessas maiores para tornar a nossa marca mais robusta, começamos a buscar grandes distribuidores e passamos a trabalhar com eles, o que ajudou o nosso negócio a ganhar uma base forte no mercado internacional. Atualmente, pode-se dizer que o nosso setor que mais cresce é o de Comércio Exterior.

"Do Ceará para o mundo": desbravando com propósito

Muitos me perguntam o porquê de termos decidido começar a vender para outros países. Afinal, a Vonixx já havia conquistado a liderança de mercado no Ceará, já chegávamos à liderança a nível nacional. "Para que arranjar mais essa dor de cabeça?", questionavam-me.

As razões são diversas e confesso que a questão financeira está entre elas, mas não é exatamente a maior quando falo sobre esse assunto. Com a transposição das fronteiras, eu buscava ganho de autoridade para a empresa, reconhecimento para o nosso país, para a nossa região e para o nosso estado; queria mostrar que o cearense é capaz de fazer um produto de alto nível, assim como qualquer outra empresa do mundo.

Obviamente, ganhar dinheiro é bom. Eu gosto de viver com conforto junto à minha família, mas também tenho propósito de vida e sei que, quando morrer, não vou levar nada desses bens materiais comigo.

> **Quero marcar o meu nome na história como o fundador de uma empresa cearense que ajudou a levar o nome do Ceará e do Brasil para o mundo.**

Esse propósito de mostrar ao mundo a capacidade do Ceará me move muito, porque sei que, por décadas, fomos um estado desacreditado quando se fala em diversas áreas, como, por exemplo, tec-

Capítulo 9 | Da informalidade para o mundo

nologia. Logo, para mim não é surpresa ver a carnaúba conquistando o mundo, pois sempre acreditei no nosso potencial, mas, para os que enxergam de fora, realmente é o "incomum" acontecendo.

É bem verdade que, se todo o Ceará exportasse o mesmo produto, eu seria apenas mais um – e isso não seria um problema para mim, porque simplesmente buscaria o meu diferencial – mas, como ainda não havia uma proposta de exportação como a nossa, apresentando uma cera de carnaúba com uma qualidade tão diferenciada, conseguimos nos apresentar deixando clara a exclusividade e obtendo a autoridade que buscávamos construir.

A verdade é que esse respaldo mostra que o brasileiro consegue ir mais longe, além de convencer ao público que o produto brasileiro pode ser tão bom quanto o importado. O Brasil pode desenvolver algo de muita qualidade e o brasileiro pode chegar aonde ele quiser.

Sempre acreditei que o ser humano pode ser quem e o que ele quiser e entendi o quanto é importante mostrar essa verdade às pessoas.

Hoje, busco sempre passar a mensagem de que, se um brasileiro/cearense quer conquistar e desbravar o mundo, quer se destacar com seu trabalho fora do país, ele tem total capacidade para alcançar seu objetivo, porque o Brasil e o Ceará têm a criatividade e o jogo de cintura no DNA de seu povo.

Qual é o limite?

Se busquei avançar para o mercado estrangeiro quando tudo caminhava muito bem com meus negócios no Brasil, pode-se dizer que não sou do tipo de empresário que se acomoda e creio que essa é uma característica fundamental no perfil do empreendedor: não aceitar que exista um "teto" que o limita.

A fórmula do empreendedorismo

Empreendedorismo é a capacidade de readaptação. Para os que entendem essa verdade e a colocam em prática, o céu é o limite.

Essa não aceitação da zona de conforto faz parte não apenas dos meus negócios, mas também da minha vida como um todo. Se eu tenho, por exemplo, a ideia de um projeto que foge um pouco do nosso *core business* e entra em outra área, posso começar a desenvolvê-lo como uma iniciativa pessoal, sempre fugindo desse limite.

Vejo muitos donos de empresas comentando: "O teto do mercado da área X é de 20 bilhões". Está bem, esse pode ser o cenário hoje, mas o que eu poderia fazer para mudá-lo e ampliá-lo? O empreendedorismo envolve muita capacidade criativa, de modo que novos produtos/serviços que atendam a novas demandas do mercado podem "furar" esse teto.

Quando percebi que já estava perto de atingir um "limite" no mercado nacional, comecei a me organizar, a mobilizar minha equipe para avançar em outros patamares. Hoje, percebo o quanto a minha inquietação me trouxe benefícios.

No caso do nosso avanço para o Comércio Exterior, a escalada nos abriu os olhos, ampliou nossa visão para entendermos algumas questões muito importantes:

1. **O mercado estrangeiro é muito exigente.**
2. **O mercado brasileiro precisa abrir mais os olhos para as possibilidades no exterior.**
3. **Nossa matéria-prima tem um potencial ainda maior do que imaginávamos.**
4. **O brasileiro tem capacidade criativa para chegar aonde quiser, basta aliá-la à perseverança e à estratégia.**

Capítulo 9 | Da informalidade para o mundo

Fato é que, quando o empreendedor brasileiro se adéqua ao Comércio Exterior – especialmente em países da Ásia, alguns países da Europa e Estados Unidos – ele eleva o nível de seus próprios produtos, porque o nível de exigência estrangeiro é mais alto que o do brasileiro. Então, quem se adapta aos padrões do Comércio Exterior inevitavelmente também dá um passo rumo à consolidação de sua liderança no mercado nacional, porque seus parâmetros estão acima daqueles de seus pares no Brasil. Por essa razão, creio que os benefícios do Comércio Exterior não estão associados apenas à nossa chegada e consolidação nas dezenas de países que atendemos hoje, mas também a um crescimento ainda maior no Brasil. Afinal, elevando o nível dos meus produtos, diferenciei-me ainda mais dos meus concorrentes no território nacional. Além disso, ampliei minha visão ao ter contato com outras culturas, trazendo de volta novas ideias para aprimoramento de estratégias, fórmulas e maneiras de lidar com a matéria-prima que acabam fazendo muito sucesso, porque ainda não eram conhecidas no país e se mostram muito eficazes.

Uma dessas inovações, por exemplo, foi a cera Blend, que é sucesso na Coreia do Sul. Ela tem uma tecnologia diferenciada, e misturamos a carnaúba com a sílica.

Também aprendemos bastante sobre *e-commerce* no país asiático. Certa vez, recebemos a visita de um grupo de empresários coreanos e eles nos explicaram sobre como formulam seus sites e lidam com a concorrência nesse ambiente virtual. Diferentemente das páginas de empresas no Brasil, as coreanas se assemelham a *blogs*, apresentando um conteúdo bem mais técnico, com fotos, vídeos e *gifs* para chamar a atenção dos consumidores de lá.

Há muitas ideias que vamos adquirindo de outros países e, considerando a grande miscigenação cultural do Brasil, há uma grande aceitação das novidades, que podem ser também adaptadas. O contato com o mercado estrangeiro vai além da venda, é uma troca de conhecimentos que contribui muito para o nosso crescimento como empresa.

A fórmula do empreendedorismo

Comércio exterior e seus riscos

O Comércio Exterior nos trouxe diversos benefícios, mas, como mar tranquilo não faz bom marinheiro, nosso crescimento também foi possível devido aos diversos riscos que aprendemos a enfrentar e erros que aprendemos a corrigir.

Nas nossas primeiras exportações para clientes da Alemanha, por exemplo, cometemos a falha de enviar alguns produtos em *spray* ainda na embalagem antiga – sem o reforço necessário – e o material da embalagem acabou amassando no transporte. O erro foi fatal, de modo que a empresa alemã devolveu o lote inteiro, fez-nos pagar o frete e nunca mais comprou produtos nossos, porque na cultura comercial deles, não há como dar uma "segunda chance".

Desanimamos? Não! Um de nossos valores é a Melhoria Contínua; então, buscamos descobrir o que aquela situação e tantas outras – em outros países – poderiam nos ensinar, como:

1. **Se o produto não se mostrar como uma opção melhor que as que eles já usam, não aceitarão tentar uma nova versão da mesma marca.**

2. **Há diversas substâncias que usamos para fabricação no Brasil que não são permitidas em outros países. Se houvesse qualquer rastro dessas matérias-primas proibidas, poderíamos ter nossos produtos apreendidos e até sermos processados pelos órgãos fiscalizadores do país estrangeiro.**

3. **Além de saber a demanda de determinado produto no país, é preciso também conhecer bem a cultura de cada um deles, para saber como podem ocorrer as negociações.**

Estar a par de fatores como esses e tantos outros nos dá grande respaldo para nos tornarmos uma empresa de credibilidade, res-

Capítulo 9 | Da informalidade para o mundo

ponsabilidade, cuidado e preocupação com relação ao respeito e bom atendimento aos clientes.

Na minha visão, creio que um dos fatores de maior diferenciação entre o mercado brasileiro e o estrangeiro, além do nível de exigência de cada um, são os tipos de exigências que são feitas. Um exemplo é que alguns países gostam muito da cera de carnaúba para o carro, mas preferem usá-la em *spray*, enquanto os clientes brasileiros preferem a forma pastosa.

Outro exemplo é que, na Coreia do Sul, boa parte dos lava-rápidos funcionam de uma maneira diferente do Brasil. Nesse formato, o cliente apenas compra o material e usa o espaço para lavar o próprio carro. É ótimo conhecer essas ideias, pois muitos novos conceitos de negócios que surgem no exterior demoram anos até chegar no Brasil, e quem introduz a novidade acaba conquistando o lugar de inovação no mercado.

Quando estamos muito envolvidos com o mundo e muitas culturas diferentes, obviamente, lidamos com riscos, mas também aprendemos a atuar no mercado com uma visão bem mais ampla.

E vale lembrar que, se a inovação não estiver na iniciativa do próprio empreendedor, de nada adianta o contato com novas ideias, pois ele não conseguirá aplicá-las. No meu caso, sempre busquei novidades para oferecer ao meu público. Quando descobri a flanela de microfibra, por exemplo, entendi que ela seria capaz de elevar os resultados após a lavagem dos carros e a trouxe ao mercado nacional como uma boa substituição para a estopa de algodão usada antes. Não tenho medo algum em reconhecer que sou diferenciado como empreendedor e um incansável perseguidor das inovações que podem agregar ao mercado.

A fórmula do empreendedorismo

Autocrescimento

A nossa iniciativa para implantação do setor de Comércio Exterior na Vonixx e, obviamente, de nos lançarmos no mercado internacional contribuiu significativamente para o nosso crescimento, mas jamais nos limitamos a esperar crescer devido a fatores externos. O que nos move para avançar está dentro do nosso próprio negócio.

É este o conceito que entendo como autocrescimento.

Vejo muitos empresários tentando justificar o alto ou baixo desempenho de sua empresa em decorrência de fatores externos, como a "época do ano" ou "o governo que assumiu", a "crise econômica" ou até mesmo a queda/alta do mercado financeiro e das bolsas de valores no âmbito nacional e estrangeiro. Claro, reconheço que todos esses fatores exercem certa influência sobre qualquer tipo de negócio, porém – salvo em raríssimas exceções – eles não são decisivos.

Com a nossa experiência de empreendedorismo acumulada ao longo dos anos, aprendi que ninguém pode apenas responsabilizar fatores externos por seus resultados. Já provamos por A + B que temos capacidade para nos destacar mesmo em "meses ruins para vendas" ou sob "governos que desfavoreçem o empreendedorismo".

Apesar de esses fatores externos facilitarem ou dificultarem nosso caminho, somos nós, de dentro da empresa, que fazemos o essencial para alcançar o sucesso. Se fôssemos nos apegar a essas condições fora de nosso controle, estaríamos eliminando nossa autorresponsabilidade dentro do trabalho que precisa ser feito.

Independentemente de crises ou bons ventos na economia, continuamos com contas a pagar e milhares de pessoas/famílias dependendo direta e indiretamente do nosso negócio para se sustentar.

Exemplo simples de um fator externo que influencia em nossos negócios é o período de chuvas no nosso estado. Teoricamente, nossas vendas deveriam baixar nessa época, porque ninguém quer lavar o carro em tempos chuvosos, mas, como buscamos abranger o mercado nacional em todos os estados, conseguimos compensar a baixa em algumas regiões. Afinal, os períodos chuvosos não ocorrem no Brasil inteiro ao mesmo tempo.

Muitas vezes, as estratégias para desenvolver o que chamo de autocrescimento estão em iniciativas aparentemente "óbvias". Porém, talvez por estarem envolvidos demais no operacional ou desgastados pelo cotidiano do mercado, muitos empresários não consigam elaborar estratégias para se livrar da vulnerabilidade diante de fatores externos.

O segredo para o autocrescimento é se apegar às soluções e não aos problemas, porque problema bom é problema novo. Esteja sempre em busca de novos desafios.

Alfabetização do empreendedor

A realização da proposta de "desbravar o mundo", que parecia tão distante inicialmente, foi alavancada quando compreendi algumas questões e desenvolvi alguns elementos dentro do meu perfil empreendedor, que vou listar a seguir.

Xadrez

É preciso compreender que o empreendedorismo é um jogo que envolve estratégia, erros e acertos. Mais do que simplesmente aprender as regras do tabuleiro, cabe ao empreendedor adquirir conhecimento sobre novas técnicas, jogar com cada vez mais "oponentes" e perceber que nem sempre uma situação adversa será um xeque-mate.

A fórmula do empreendedorismo

Zilhões de possibilidades

É essencial que o empreendedor esteja sempre atento à imensa variedade de opções para que seu negócio avance, seja para desbravar o mundo ou para iniciar ainda a conquista do mercado nacional. E vale lembrar que ter muitas possibilidades é um ótimo sinal, mas é preciso foco e determinação para saber quais delas farão parte do conjunto de estratégias adotadas para alcançar um objetivo.

Quando iniciamos nossas vendas no exterior, não nos limitamos apenas ao Sema Show e aos resultados que poderiam vir diretamente de lá. Ficamos atentos a todas as possibilidades que essa transposição de fronteiras passou a nos proporcionar.

Referenciais no empreendedorismo

Já que citei a importância de estar atento às possibilidades e à elaboração de estratégias que contribuam para o crescimento do negócio, cito aqui como um referencial de empreendedorismo para mim Alexandre Grendene.

Fundador do grupo empresarial que leva o seu próprio sobrenome, Alexandre soube diversificar para aumentar ainda mais a lucratividade em todas as suas fábricas de calçados, com muito entendimento sobre operações para torná-las ágeis e práticas.

Foi o que ele e seu grupo fizeram, por exemplo, com o PVC, de modo que as sandálias por eles fabricadas levam o mínimo possível de acessórios para gerar menos mão de obra e máximo lucro.

Atualmente, o grupo também consegue atingir diversos tipos de público dentro do seu próprio segmento, atendendo da classe C – com suas sandálias mais simples e de preços mais acessíveis – até as classes B e A, com a Melissa, que apresenta bastante qualidade em seus calçados.

Capítulo 9 | Da informalidade para o mundo

Falando em termos de produção, enquanto um calçado geralmente passa pelas etapas de costura ou montagem das partes e leva determinado tempo até sua conclusão dentro de uma cadeia de produção, na produção das sandálias ou das sapatilhas fabricadas pela Grendene aproveita-se que o PVC é injetável e consegue-se fabricar em muito menos tempo, sendo vendidas por valores similares aos seus concorrentes no mercado. Além de aumentar a lucratividade, essa estratégia também levou o grupo a criar um diferencial para suas fábricas.

Além disso, a marca é vendida tanto em lojas próprias quanto em estabelecimentos comerciais multimarcas. Dessa forma, eles se colocam dentro do mercado em diferentes propostas, atendem diferentes públicos e aumentam suas possibilidades de ganhos, operando em uma diversificação muito inteligente.

A fórmula do casal empreendedor

Confesso que, quando Paulo lançou entre nossa equipe a proposta de a Vonixx "desbravar o mundo", também senti certa insegurança. Mas decidi acreditar que tínhamos potencial para executar essa ideia e dei as mãos com ele para semearmos junto essa fase de nossa história como empresa.

Como gestora, compreendi que todos estávamos aprendendo algo novo e não desprezei nossos pequenos começos na exportação dos produtos. Inicialmente, o próprio Paulo tentou uma tradução dos nossos rótulos e, apesar de não ser o ideal, era o que podíamos fazer de imediato na época, para começar.

Sempre entendemos que é melhor errar por ter tentado do que não conseguir por medo de errar. À medida

A fórmula do empreendedorismo

que buscamos informações, contratando novos colaboradores para o setor e descobrindo as diretrizes necessárias para a exportação, fizemos as alterações para atender aos pré-requisitos.

Começamos acreditando, mas jamais apostando todas as nossas fichas nesse novo setor. A ideia era ter o Comércio Exterior como uma nova frente da nossa empresa, mas sem deixar de dar assistência àquela que já nos dava muito resultado – que eram as nossas vendas em todo o Brasil.

"Vamos investir no Comércio Exterior, mas vamos continuar crescendo aqui no Brasil, porque atualmente é o que nos dá mais segurança", pensávamos. Aos poucos, os resultados de nossa entrada no mercado estrangeiro surgiram e nos deram cada vez mais certeza de que estávamos no rumo certo.

Tendo iniciado ainda tímido e experimental, o setor de Comércio Exterior da nossa empresa cresceu de tal modo que o estagiário que contratamos foi admitido definitivamente e acabamos montando uma equipe. Depois que o irmão do Paulo concluiu seus estudos na Alemanha e voltou ao Brasil, também o contratamos e tudo ganhou celeridade. Mas nada disso seria possível se não tivéssemos a coragem de lançar a primeira semente em solo estrangeiro.

Milena Mota Maia Nobre

O prazer de vencer é longevo porque habita dentro de nós!

Sempre trabalhei com muito esforço, mas creio que um marco para a nossa conquista de autoridade no mercado nacional – e o que nos levou ao Comércio Exterior – foi quando começamos a fabricar e vender nossa cera de carnaúba.

Muito mais que satisfação por vender um produto de alta qualidade e gerar autoridade como empresa do ramo, orgulhamo-nos de, como estado maior exportador de carnaúba do mundo, mostrarmos ao mundo o quanto a nossa palmeira cearense tem valor.

Desde criança, eu sabia que meu bisavô tinha terras com carnaúbas – plantadas em 1944 – e que vivia da venda dessa produção em época de estiagem, não como cera para estética automotiva, mas para uso em outras finalidades. Antigamente, a cera de carnaúba era muito exportada para a Europa e outros continentes para a fabricação de velas e outros produtos, como ornamentos para decoração.

Meu bisavô era o primeiro da cadeia de produção. Tirava a cera da palha no sofrimento, batendo e fervendo o pó. Foi sabendo desse trabalho dele que desenvolvi um apego pessoal pela carnaúba e pela reserva que ele criou com tanto cuidado no interior do Ceará.

Tempos após o falecimento do meu bisavô, um dos meus primos que havia herdado a plantação resolveu vender o pedaço de terra e, levando em conta o valor sentimental e simbólico que aquelas terras tinham para mim, fiz uma proposta de compra, logo aceita pelo meu parente. Afinal, seria uma ótima forma de manter essa herança dentro da família e fazer com que essa história, que vem desde 1944, se mantenha viva entre nós.

A venda foi feita com alegria pelos meus parentes. "Paulo, não quero entregar essas terras para qualquer pessoa, porque quero que essa história continue com a nossa família", disse o meu primo.

Enquanto escrevo este livro, nossa reserva tem mais de 17.000 carnaubeiras plantadas. Cerca de 10.000 já haviam sido plantadas pelo meu avô desde 1944 e eu plantei as restantes. Mas, apesar de conservarmos as memórias da família, continuamos buscando formas de evoluir naquele local. Já construímos uma usina de energia solar e dois açudes dentro da propriedade para manter fortes e vivas as raízes da carnaubeira, a chamada árvore da vida, um símbolo do nosso estado.

Acredito que a reserva é algo que temos que realmente cuidar com muito carinho, principalmente porque a carnaúba foi um marco para o crescimento da Vonixx rumo à conquista dos mercados nacional e internacional.

Atualmente, a reserva também é uma ótima oportunidade de proporcionar uma experiência diferente aos clientes de outros estados, ou até mesmo os estrangeiros. Eles podem ver a carnaubeira de perto, entender como funciona todo o processo de fabricação da nossa cera e compreender que há toda uma história por trás do produto, que não é meramente uma proposta mercadológica. Dessa forma, mantendo o equilíbrio entre a modernidade e a história, estruturando o local, mas ainda respeitando as memórias de meu bisavô, entendo que estou mantendo minhas raízes, sem retroceder ou parar no tempo. Toda a simbologia da carnaúba, aliada ao avanço da modernização da nossa indústria, só me fortalece para evoluir cada vez mais. Estou mantendo aquilo que foi sustento para os meus antepassados e continua sendo para a minha família.

Como pesquisador, tive que lidar com fórmulas durante toda a minha carreira, mas, como empreendedor, tive que aprender a atualizar fórmulas com frequência. E creio que é aí que está o grande segredo do empreendedorismo: a atualização da fórmula.

Apresentação do autor e seus contatos

Paulo Henrique Sampaio Nobre nasceu em 1980, em Fortaleza, no Ceará, e cresceu em Messejana, na periferia de Fortaleza. Filho de um carteiro e uma dona de casa, sempre teve uma infância humilde, mas de base familiar muito sólida, o que ajudou na sua formação de caráter.

Desde muito novo, já era apaixonado por ciências e negociações, e foi assim que nasceu sua paixão pelo empreendedorismo e, um pouco mais tarde, também pela química. Uniu seu conhecimento químico da faculdade com sua vontade de empreender e começou a fabricar produtos de limpeza automotiva. Com alguns anos de crescimento na área, resolveu fundar a empresa Vonixx, que atualmente é a maior fabricante de produtos para estética automotiva da América Latina.

Contatos:

@paulovonixx
@milenavonixx
@vonixx

Vejo atualmente muitos "gurus" do mercado lançando suas "fórmulas validadas" de negócios, como uma estratégia quase "infalível", capaz de fazer as empresas crescerem de modo exponencial. Até reconheço que adotar um planejamento e aprender sobre estratégias com pessoas mais experientes no ramo são medidas muito importantes para o crescimento do negócio. Porém, acreditar que a dica do guru sempre se encaixa como uma luva para você é uma ilusão.

O empreendedor lida com variantes o tempo todo. Muitos me perguntam "qual é a fórmula?" para conquistar o que consegui, e a minha resposta é que não há um padrão.

É preciso se adaptar, reinventar-se, buscar saídas, possibilidades, pensar fora da caixa a todo momento e se livrar da ideia de que existe um teto para o seu mercado, pois a cada nova ideia esse limite é ultrapassado.

Muitas vezes, reclamamos e não agimos, deixamos o mundo guiar nossas vidas, mas essa postura de passividade é um erro grave dentro do empreendedorismo. Temos que assumir o controle e começar a agir, em vez de simplesmente reagir às circunstâncias.

Eu vim de baixo, meu pai era carteiro e minha mãe, dona de casa. Ninguém acreditava no meu potencial para alcançar o sucesso. Na sala de aula me chamavam de "pateta", mas nem por isso deixei de acreditar em mim.

Quando digo que sou diferenciado no que faço, muitos confundem minha afirmação com arrogância, mas poucos sabem que a autoconfiança é uma ferramenta poderosa para o sucesso profissional e pessoal.

Nunca se abata ou desista quando alguém desacreditar de você. Assuma o comando da sua mente e, consequentemente, da sua vida! Você é capaz de fazer coisas extraordinárias e inimagináveis! Acredite no que estou afirmando, porque foi assim que aconteceu comigo. Vá em frente, com muita determinação. Não há tetos no mercado; para o empreendedor de verdade, o céu é o limite! No final das contas, a fórmula do empreendedorismo é justamente esta: não ter uma fórmula pronta. Vá descobrir a sua.